JN410184

사랑이 꽃 피는 茶 나무

慧 姸 스님 著

신아출판사

사랑이 꽃 피는 茶 나무

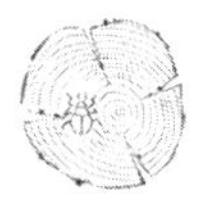

책머리에

경전에도 부처님 앞에 茶 공양을 하는 대목이 나온다. 그러니 짐작건대 茶의 역사는 인류와 더불어 시작된 것이 아닌가 싶다.

그리하여 茶에 관한 이야기도 많고 茶에 대한 글도 헤아릴 수 없이 많이 있다. 그런데 정작 茶나무에 대한 이야기는 하나도 없다.

茶가 단순한 갈증을 해소시켜 주는 효능뿐만 아니라 많은 효능으로 인해 약용으로도 사용되고 있으며 茶는 많은 문화와도 가까워지게 해주고 인간생활의 다양한 모습을 알게 해준다.

이와 같이 茶는 우리에게 많은 것을 제공하며 예로부터 신비롭게 자리잡은 茶나무와 많은 사람들이 항상 함께 할 수 있도록 하고자 하는 마음에서 “셀실버타인”이 쓴 ≪아낌없이

주는 나무≫를 보고 창작동기를 부여받아 〈사랑이 꽃피는 茶나무〉를 쓰게 되었다.

茶를 마시는 사람들의 가슴속에
茶나무의 사연이 담겨져 있는 것과
茶나무의 사연이 담겨있지 않는 것에는
분명 그 맛과 향이 다르리라

南原 犬頭山 龍珠寺에서
주지 慧 姸 合掌

사랑이 꽃피는 茶 나무

1. 인연 ·· 9
2. 사랑의 시작 ·························· 19
3. 神으로 가는 길 ······················ 29
4. 행복이란? ······························ 39
5. 茶 사업 ································· 52
6. 인생이 어려운 이유 ·············· 63

7. 108 이란 숫자의 의미 …… 77

8. 사랑의 독성 …………………… 94

9. 인간의 한계 …………………… 106

10. 깨달음이란! …………………… 118

11. 사랑의 배신 …………………… 128

12. 윤회의 의미 …………………… 142

1
인 연

옛날에 하늘과 땅 사이가 마치 자기 집인 듯 크게 자란 나무가 한 그루 있었습니다.

처음에는 그저 잎이 지면 지는 대로 아름답고, 꽃이 피면 피는 대로 향기롭다는 생각으로 편하게 살았는데, 언젠가부터 나무는 자기 자신의 존재이유에 대해 생각하게 되었습니다.

무엇인가 까닭이 있어 자신이 생겨났고 크게 자라게 되었

을 텐데, 그것을 알 수 없는 나무는 답답하기도 했고 한편으로는 한심스럽기도 했습니다.

형체가 있으면 그 모양을 모양이게 한 근원이 있을 테고, 그 근원은 뭔가 심오한 조화를 간직하고 있을 거라는 생각은 나무를 낮에도 가만 있지 못하게 했고, 밤에도 잠 못 들게 만들었습니다.

길가에 서 있는 풀 한 포기도 다 자신의 하늘이 있고 땅이 있는데, 하물며 큰 나무인 자신에게 존재이유가 없겠는가 하는 생각은 나무에게 끊임없이 존재의 근원을 추구하게 했습니다.

더구나 꽃 한 송이가 피고 지는 신비를 이해하면 우주적 진리를 깨닫게 된다는 소리는 나무를 한층 더 고무시켜 나갔습니다. 그러나 혼자서 깨달아 나가기는 참으로 어려운 일이었습니다.

온몸을 어루만지며 지나가는 바람에게도 물어보고 하늘을 덮는 구름에게 물어도 자신이 바라는 대답을 들을 수가 없었습니다.

길가에 서 있는 풀 한 포기도 다
자신의 하늘이 있고 땅이 있다.

그런 안타까운 세월을 보내고 있던 어느 날, 나무는 우연인지 운명인지 작고 가련해 보이는 한 소년을 만나게 되었습니다.

소년이 자신의 아래 위를 유심히 살피다가, 땅에 떨어져 있는 잎을 주워 씹는 것을 보고 나무가 말했습니다.

"건강해 보이지 않는데 어디 아픈가?"

소년이 힘없이 말했습니다.

"응, 의원의 말로는 중독中毒현상이래.

그래서 해독解毒에 필요한 약을 찾아다녀."

"어떤 약인데?"

"나도 잘 몰라, 어디 쓰고, 시고, 단맛에 찬 기운을 지닌 나뭇잎이 있다는데."

나무는 자신이 모르는 내용이라 말없이 소년을 쳐다보고 있는데, 소년이 말을 이었습니다.

"그 나무의 뿌리는 땅의 지기地氣를 빨아들이고, 잎은 하늘의 천기天氣를 어떤 생물보다 많이 받아들인 나무여서 능히 사람의 중독현상을 해독시킬 수가 있대."

나무는 자신이 그런 나무여서 소년의 병을 낫게 해 주었으

꽃의 아름다움과 향기 속에
神의 뜻이 스며 있다.

면 좋겠다는 생각으로 물었습니다.

"그래, 내 잎은 맛을 보니 아닌 것 같애?"

"글쎄 내가 찾는 맛 같기도 하고……

오랫동안 찾아 헤맸지만 내가 찾는 것과 비슷한 맛은 처음이야."

나무는 이미 소녀이 찾는 나무이기나 한 듯 말했습니다.

"나는 나 자신에 대해 잘 몰라.

네가 나의 존재이유나 가치를 확인해 주면 고맙겠다.

사실 나는 너 같이 이야기가 통하는 사람을 오랫동안 기다렸어.

소우주小宇宙인 인간을……

얼굴 하나만 보아도 이마는 넓고 높아서 하늘의 형상이고, 두 눈은 해와 달이며, 코와 관골은 산악의 형상이고 인중과 법령의 선은 계곡의 형상이며, 입이나 턱은 바다와 땅의 형상을 하고 있는 만물의 영장을 기다린 거야. 그래야만이 나의 가치를 알아주고 거기에 맞는 이름도 붙여주지."

약에 쓸 나무를 찾아야 하는 소년과, 영악한 인간에 의해 자기 자신의 존재이유를 알아야 하는 나무는 이미 오래전부터 알고 지냈던 사이처럼 가까워지게 되었습니다.

처음에는 땅에 떨어진 나뭇잎을 주워가던 소년은 나무와 친하게 되자, 드디어는 나무에 올라가 나뭇잎을 바로 따서 주머니 가득 넣어 집으로 돌아가곤 했습니다.

소년은 나뭇잎을 생으로도 먹어보고 삶아서 마셔보며 나날을 보내자, 어느 새 기진맥진했던 몸이 서서히 회복되면서 나무처럼 싱싱한 건강을 찾게 되었습니다.

그러자 자신의 건강이 나무 덕분이라고 생각한 소년은 감사의 마음으로 날이면 날마다 나무를 찾았습니다.

나무 역시 자신에게 인간의 병을 치료할 수 있는 능력이 있음이 소년으로 인해 확인되자, 남 같지 않게 여기며 언제나 반갑게 그를 맞이했습니다.

소년이 다가오면 나무는 가지를 굽혀 소년으로 하여금 자신을 만지게 해 주었고, 소년이 꽃을 딸 때나, 열매를 딸 때도 몸은 아팠지만 기뻤습니다.

왜냐하면 진정한 사랑은 사랑하는 임에게 무엇인가를 베풀 수 있을 때 그것이 행복으로 가슴에 담기고 기쁨이 되어 넘치기에 그러했지요.

나무는 소년이 자신을 따서 먹고 마시며 기대어 잠드는 모습을 보는 것 자체가 행복이었습니다.

소년은 소년대로 언제나 찾아가면 거기에 그대로 있는 나무가 좋았습니다.

다른 것은 다 변하고 움직이고 사라져 없어지는데, 변하지도 움직이지도 사라지지도 않는 나무가 좋았던 것입니다.

이와 같이 새록새록 정이 깊어만 간 나무와 소년은 드디어 서로의 이름을 지어주기에 이르렀습니다.

서로를 생각하는 그들의 마음에는 그저 사람이고 나무라는 막연한 이름 외에 상대를 꼭 찍어 부를 수 있는 명칭이 필요했던 것입니다. 그러나 그것은 쉬운 일이 아니었습니다.

오랫동안 생각해도 마땅한 이름이 떠오르지 않고 있는데, 그들의 안타까운 마음을 헤아린 하늘의 뜻인지 소년의 꿈에 그림이 그려지기 시작했고 이어 소리까지 들려왔습니다.

나무[木] 위에 사람[人]의 모양을 얹고 다시 그 위에다 잎[艸]모양을 얹으니 전체의 모양[茶]이 생겨났습니다.

글자의 모양이 갖추어지자 다음에는 소리가 문제가 되었는

작은 잎새 하나도 안과 밖이 다르다.

데 빌릴 차借에서 '차'라는 소리를 빌려 쓰기로 했습니다.

세상의 모든 것은 잠시 빌려 쓰다가 다음[次]에는 다시 돌려줘야 하기에 그런 것입니다.

이리하여 나무는 '차나무'가 되었고, 소년은 큰 부자가 되라고 만석萬石이란 이름을 지니게 되었습니다.

서로의 이름까지 정해지자 그들의 사이는 더욱 가까워져 드디어는 하나처럼 되고 말았습니다.

그가 내가 되고, 내가 그가 되어 이제는 하루라도 만나지 않으면 그립고 불안해서 견딜 수 없는 사이가 되었습니다. 사랑은 그들에게 삶의 의미를 인식시켜 주었고, 마냥 행복하게 해주었습니다.

꿈보다 아름답고 향기로운 세월이 물같이 흘러가는 가운데, 만석의 몸은 점차 건강해지고 따라서 생각도 크고 넓어져 갔습니다.

2
사랑의 시작

茶나무에는 파랑새도 둥지를 틀어 살고 있었고, 거미도 이 가지 저 가지에다 줄을 쳐서 집을 짓고 살고 있었습니다.

열심히 또 하나의 집을 짓고 있는 거미를 보다가 만석이 말했습니다.

"거미야, 너는 어떻게 날개도 없는 게 날아다니며 허공에다

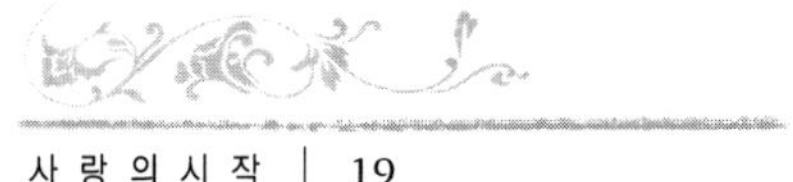

집을 짓니?"

하던 일을 멈추고 잠시 생각하던 거미가 말했습니다.

"아직도 모르고 있는 거야?

세상엔 설명될 수 없는 일이 많아.

그리고 설명이 되는 일은 별 의미가 없어.

말이 되지 않는 신비 속에 세상이 돌아가는 비밀이 있어."

진지하게 듣고 있던 만석이 다시 물었습니다.

"그래도 자신은 날개 없이 나는 법을 알고 있을 거 아니야?"

"나도 몰라.

너는 네가 서서 다니는 이유를 알고 있어?"

만석은 무엇에 얻어맞은 듯 멍한 채 말이 없었습니다.

만석에게 거미가 말을 이었습니다.

"그저 쉽게 생각해.

내가 허공에다 집을 짓는 건 어부들이 바다에다 그물을 치는 거와 같은 거라고."

다소 이해가 되는 듯 고개를 끄덕이던 만석이 파랑새한테 말을 건넸습니다.

허공에다 집 짓는 法을
거미한테서 배워라.

"새야, 넌 높이 날 수 있어 멀리까지도 보겠구나."

새가 대답했습니다.

"인간들의 생각은 그 정도가 한계인가 봐."

"그게 무슨 소리야?"

"바보야, 높이 올라간다고 멀리 볼 수 있는 건 아니야.

가시거리可視距離라는 게 있어.

어느 정도까진 보이지만 한계를 넘어서면 아무것도 안 보여.

생물들은 다 그렇게 만들어져 있는 거야."

"그렇구나, 그런 거구나."

"그래, 그러니 욕심내지 말고 살아."

"알았어."

그들의 대화를 가만히 듣고 있던 茶나무가 끼어들었습니다.

"사람아, 이제 나하고 이야기 좀 해."

"무슨 얘기?"

"나는 말이야, 나의 큰 뿌리와 잔뿌리의 길이를 합치면, 지구를 한 바퀴 돌 수도 있어.

그런데 사람인 네 속의 핏줄의 길이도 지구를 돌고도 남는대."

뿌리가 땅속으로 스며드는 것은
줄기를 하늘에 닿게 하려는 의지 때문이다.

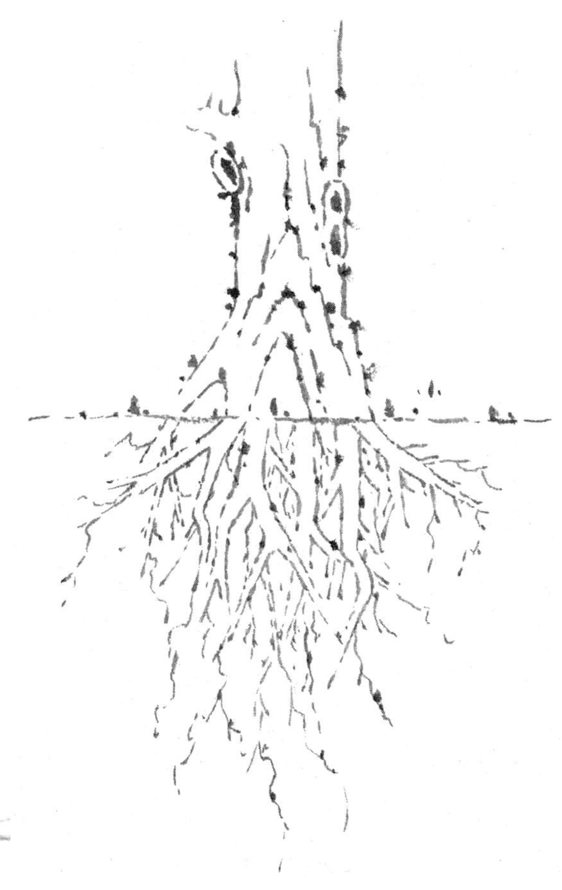

그 소리에 힘이 솟는 듯 만석이 말했습니다.

"그래.

인간은 그처럼 무한한 가능성의 존재야."

"그러니 용기와 신념을 가지고 도전해 봐.

넌 무슨 일이든 잘 해낼 거야.

지구를 안을 수도 있는 몸으로 우주로 향할 수도 있을 거야."

"좋은 말이야.

살려고 하는 의지로 도전해 봐야지."

이런 이야기들이 있은 후부터 왠지 만석이 茶나무를 찾는 일이 뜸하게 되어 차나무는 혼자 있는 시간이 점점 늘어 갈 수밖에 없었습니다.

그렇다고 찾아나설 수도 없는 것이 茶나무의 운명이었습니다.

뿌리박힌 거기에서 꼼짝할 수도 없는 것이 자신의 현실이었으니 그저 밤이나 낮이나 기다릴 수밖에 별도리가 없었습니다.

무정하게 지나가는 세월 속에서 애간장을 다 태우며 기다려도 한 번 발길이 끊긴 사람을 나무는 다시 볼 수가 없었습니다.

생명의 신비 앞에 고개 숙일 줄 모르는
인간은 아무것도 모르는 것이다.

나무는 시간이 갈수록 사람이 그리웠지만, 사람은 시간이 갈수록 나무를 잊어갔던 것입니다.

이러한 나무의 번민을 지켜보던 거미와 새는 남의 일처럼 보고만 있을 수 없어 나무를 위로하기 시작했습니다.

나무는 어쨌든 자신들에게 기거할 수 있는 공간을 제공해 주었기에 자신의 고통의 내용도 잘 모르고 아파하는 나무를 이해시켜야겠다고 생각했던 것입니다.

"나무야, 지금 너는 생기를 잃고 시들시들해가고 있는데, 도대체 그 까닭이나 알고 있는 거야?"

새의 말에 나무는 잠시 생각에 잠기다가 마음을 내놓았습니다.

"글쎄, 까닭까지는 생각해 보지 않았지만 그저 가슴이 쓰리고 힘이 없어 어찌할 바를 모르겠어.

왜 그렇지?

너는 천리만리를 날아다니니까 보고 듣는 게 많아 아는 것도 많잖아."

"응, 그렇기도 하지만 나는 본래 모르는 게 없으니까."

"내가 왜 그런데?"

"그런 게 기다림이고 그리움이고, 사랑이라 하는 거야."

"사랑이라고?"

"그래,

넌 사람을 사랑했던 거야."

나무는 비로소 자기 고통의 원인을 알게된 듯 한동안 아연해 있었습니다.

"내가……

사람을 사 · 랑 · 했 · 다 · 고?"

긴 침묵이 흐른 후 혼잣말처럼 내뱉은 나무의 말이었습니다.

"그래."

새의 대답에 나무가 바로 물었습니다.

"그럼 너희들은 사람을 어떻게 대한 거야?"

"우린 그저 남으로 대한 거지.

그런데 넌 또 하나의 자신으로 생각한 거야.

말하자면 우린 우정이었고, 넌 애정이었단 말이야."

"그 차이가 무심과 유심으로 나누어지는 거야?

그 차이에서 너흰 그가 오지 않아도 아무렇지도 않고, 나는 견딜 수가 없는 거야?"

"음.

다 같은 정이라도 죽고 사는 엄청난 차이가 있지."

"어떡하지?

나는 정말 죽을 것만 같애. 이대로 계속 그를 보지 못하면……."

딱한 듯이 나무를 바라보다가 거미가 말했습니다.

"사랑은 아무나 하는 게 아니야.

그것은 정말 외로움의 시작이고 끝없는 괴로움에 빠지는 것임을 모르는 자가 저지르는 실수야."

그 외에도 거미는 자신처럼 독毒을 지니고 살지도 않으면서 독한 인간을 만난 것이 잘못이라는 말과 인간들은 자기들끼리도, '머리 검은 짐승한테는 정주지 않아야 한다'는 말을 한다는 소리까지 했다.

"말하자면 인간은 배신하는 짐승이라는 말이야.

자기 이익만을 추구할 뿐 남 생각을 하지 못하는 동물이야."

3

神으로 가는 길

어떤 위로의 말도 나무의 마음을 안정시키지 못하자 거미와 새는 그만 나무를 달래는 것을 포기하고 말았습니다.

그러나 끝내 외면할 수 없는 것이 그들의 마음이라 새는 나무를 위해 노래도 하고 거미는 나무를 해롭히는 해충을 잡아주면서 어떻게든 나무의 마음을 달래보려 했지만 나무의 아

情이란 생물을 살리기도 하지만
때로는 죽이기도 한다.

픔은 치료되지 않았습니다.

흐르는 시간 속에 나무의 아픔은 드디어 몸으로 나타나는지 나무껍질에는 한 방울 두 방울 핏빛 눈물이 맺히기 시작하면서 잎도 하나 둘 떨어졌습니다.

그걸 본 거미와 새는 다시 많은 말을 준비해, 나무와 대화하기 시작했습니다.

"나무야, 정신 좀 차려.

인간들 말에 이런 게 있어.

사랑이란 게 다른 게 아니고 '우아한 정신병' 이래.

그런데 그 정신병에는 약도 의사도 없대.

그러니 스스로 치료할 수밖에는 별 도리가 없는 병이란 말이야."

나무는 이제 아무 소리도 들리지 않는지 아무런 대꾸조차 없었습니다.

그런 나무를 측은한 듯 바라보다가 새가 여기저기서 들은 말들을 엮어내기 시작했습니다.

"나무야, 내가 너 때문에 사랑이라는 걸 좀 연구했는데 들어봐.

우선 결론부터 말하자면 사랑이란 어느 공간에 켜 놓은 두 개의 촛불과도 같은 것이야.

왜냐면, 켜진 촛불은 두 개이어도 주위를 밝히는 빛은 하나이기 때문이야.

이미 하나로 조화되어 있는 빛을 놓고 이건 내 빛이고, 저건 네 빛이란 분리는 불가능한 것이 빛의 속성이야.

삶이란 것 자체가 어둡고 불안한 것이라 하나의 빛만으론 삶의 질을 환하게 밝힐 수 없어 옆에다 불을 하나 더 켜는 것 그것이 바로 사랑이라는 것이야.

몸은 둘이어도 거기서 나오는 빛은 하나인 것,

그것이 진정한 만남이고 참다운 사랑이야.

그런게 그 무슨 사연으로 인해 어느 한 쪽의 불이 꺼져 버리면, 주위는 다시 그만큼 어두워지고 그것으로 인해 발생하는 문제를 이른바 불행이라고 하는 거야.

그러니 문제가 발생하기 전에 함께 밝힌 그 불빛의 소중함을 다 같이 인식하고 사랑을 가꾸는 데 최선을 다 해야 하는 것이 사랑하는 자의 의무이고 책임이야.

一燭煇煌普拱十方 일촉휘황보공십방
하나의 촛불이 온 세상을 밝힌다.

사랑이란 것이 어느 공간에 켜 놓은 두 개의 촛불과도 같은 것이라면, 결혼이란 것은 또 이런 것이지.

즉, 결혼이란 강물의 흐름을 싣고 바다로 가는 두 강둑과도 같아.

강둑은 밖에서 보면 분명 둘이야.

강물을 싣고 바다로 가려면 하나가 있는 곳에 하나가 더 있어야 하니 말이야. 그러나 강둑은 표면적으로는 둘이지만 그 깊은 내면을 보면 둘이 아닌 하나야. 강물이 아무리 깊다 할지라도 그 밑바닥은 서로 이어져 있으니.

인연이란 것도 그 하나 속에 내재되어 있는 신비스런 전체에 대한 인식이 있어야 진정한 합일을 이룰 수가 있는 것이야. 물론 강둑도 강하고 약한 곳이 있고, 높고 낮은 곳이 있어 바다까지 연결되지 못한 것도 있지.

뿐만 아니라 조금 전 예를 든 촛불처럼 강둑도 하나의 강둑이 제 구실을 하지 못하면 강물의 흐름이 거기서 끝나기도 하고 흐름이 바뀌기도 해.

문제가 생긴 강둑을 고쳐서 다시 강물을 흐르게 하려면 많은 시간이 걸리기도 하고 때로는 복구가 불가능할 때도 있어.

강물은 바다가 어딘지 몰라도
흘러만 간다.

그러므로 맺은 인연들은 삶이란 흐름을 같이 싣고 가는 두 강둑과도 같은 것이니 자신의 상대가 별 탈 없이 존속할 때 자신의 존재도 강둑처럼 그 가치를 드러내게 된다는 것을 잊지 말아야하는 것이야.

다시 말하자면, 사랑이나 결혼은 그냥 이루어지는 것이 아니고 꽃을 심고 가꾸듯 그렇게 온 정성을 다해야 한다는 것이야.

어떤 바람이 불어도 꺼지지 않는 촛불이 되어 사랑의 빛을 잃지 않도록 노력해야 하고 어떤 비가 쏟아져도 무너지지 않는 강둑이 되어 서로를 지켜나갈 줄 알아야 한다는 말이야.

물론 삶이란 뜻대로 되는 것이 아니라 위기危機의 순간들이 시도 때도 없이 덮치기도 하지.

하지만 이 위기란 말 속에는 또 아주 깊은 뜻이 함축되어 있어.

위기란, 위험危險하다는 소리와 기회機會라는 소리가 합쳐져서 이루어진 말이야.

한마디로 우리의 삶이란 위험스런 가운데 하나의 새로운 기회가 감추어져 있다는 거야.

그렇다면 아무 일도 없는 곳에는 기회도 없다는 말이 되기도 하지. 그러니 우리는 모름지기 위험스럽고 고통스런 문제 그 가운데 자기 발전의 기회가 있다는 것을 명심하고 오히려 고통을 도약의 계기로 삼을 줄 아는 지혜가 있어야 하는 것이야.

사람은 누구나 아름답고 영원한 사랑을 바라고, 향기롭고 행복한 결혼을 바라지만, 순간에서 끝나고 불행해지고 마는 까닭은 무엇일까?

옛말에도 모든 다툼이나 고통은 궁窮에서 나온다 했어. 더 바라는 마음에서 다툼이 생기고 불행을 느끼기 때문이야. 지금의 불행을 스스로 자위할 수 있는 좋은 말이 있어.

'아름다운 사랑의 이야기를 쓰는 사람이 있다면 그는 진정한 사랑을 해보지 않은 사람이다.'

그렇지. 사랑은 좋고 싫은 것의 종합이고, 만남과 이별이 엉키는 것이고, 환희와 절망이 하나 되어 돌아가는 전체적인 것이야. 그러니 어떤 부분적인 것에 치우쳐 허우적거리지 말아야 돼.

탄트라에서는 사랑은 몸과 마음이 전체적으로 하는 것이라

는 전제 하에 사람을 행복으로 이끄는 방법을 제시하고 있어.

생물은 구조적으로 불행할 수밖에 없는 존재이지마는 그대로 불행할 수만 없는 것이 나이기에 사랑의 방법을 달리하여 행복이란 목적을 달성해야 하는 것이야.

그 방법이란 무엇이냐 하면 사랑의 대상을 신격화神格化 시키는 거야. 사랑하는 임을 신神처럼 숭배하게 될 때 그 신성神性은 자신의 존재까지도 위대하게 승화시키게 돼.

즉, 상대가 왕비가 될 때 내 존재는 왕이 되지만 상대가 노예가 되어서는 나도 노예가 될 수밖에 없는 이치야.

사랑하는 사람들이 영적인 수준에서 하나 될 수 있으면 시간이 없는 무아지경에 이를 수 있고, 임을 생각하는 것만으로 절정에 이를 수 있게 되지.

이러한 결론은 곧 신성神性의 체험이 되고 신神으로 가는 길을 발견할 수 있게 한대.

임을 생각하는 것이 신성한 기도가 되고 임을 만나는 것이 성스러운 의식이 될 수 있으면 그것 자체가 벌써 사랑받을 가치의 존재로 승화되어 있는 거야.

4

행복이란?

너와 나의 만남은 일시적인 것이야. 그러나 너와 나의 차원을 넘어서서 위대한 사랑을 주고받을 수 있는 가치의 존재가 되면 순간은 영원이 되는 거야.

神과 人間의 중간 존재로서의 우리는 끝없이 추락할 수도 있어.

그러나 초월에의 의지로 한없이 상승할 수도 있으니 이 사실을 각성하고 자기개발에 최선을 다해야 해.

지엽적인 욕망에 사로잡히지 말고 지고하고 근원적인 것에 도달하기 위해 사랑을 먼저 이해해야 한다는 게 내 말의 요지야.

임을 위해 기도하고 사랑을 위해 명상하는 자세로 삶에 임하면 우리의 영성靈性은 어느 새 변화하여 우리를 삼매三昧에 들게 하고 나를 행복하게 만들게 돼."

새의 말이 여기까지 오자 말하고 듣는 자의 표정을 살피던 거미가 나섰습니다.

"이봐 파랑새야, 참으로 좋은 말들인데 지금 나무의 가슴에는 들어가지 않고 있는 것 같애. 그러니 말을 어떻게 좀 다르게 해 봐."

거미의 말을 듣기 전에도 나무한테 자기의 소리가 새겨지지 않고 있다는 걸 감지하고 있던 새는, 거미의 충고를 고맙게 받아들였습니다.

"그래, 나도 그런 생각을 하고 있었어."

새까지 자기의 마음을 읽었는가 하는 생각을 한 나무는 다소 미안한 듯 말했습니다.

"아니야, 잘 듣고 있었어. 그렇게 염려해 주니 고맙기도 하

고……."

거미와 새의 시선을 피하던 나무는 바람소리 같은 긴 한숨을 내쉬었습니다.

그런 나무를 남이 아닌 듯 바라보던 새가 다시 말을 이었습니다.

"그럼 우리 여기서 다시, 정상적일 수 없는 관계란 것을 학문적으로 정리해 보자.

예를 들어 내가 어떤 목적으로 사람을 만난다면 만나는 그 순간 나는 그 대상의 실체에 대해서는 아무것도 모르면서 그저 그런 사람 같다는 자기 짐작만으로 관계도 맺고 거래도 해.

상대 역시 자기 자신이 만든 허상과 관계를 맺고 거래도 하니, 어찌 관계라는 것이 정상이 될 수 있겠어.

실상과 실상과의 관계가 아니고, 허상과 허상과의 관계를 놓고 정상이기를 바라는 것은 그 자체가 비정상일 수밖에 없는 거야.

어디 사람의 관계뿐이겠어.

神과의 관계도 예외일 수는 없어.

사랑과 미움이란 소리는
利害의 또 다른 표현일 뿐이다.

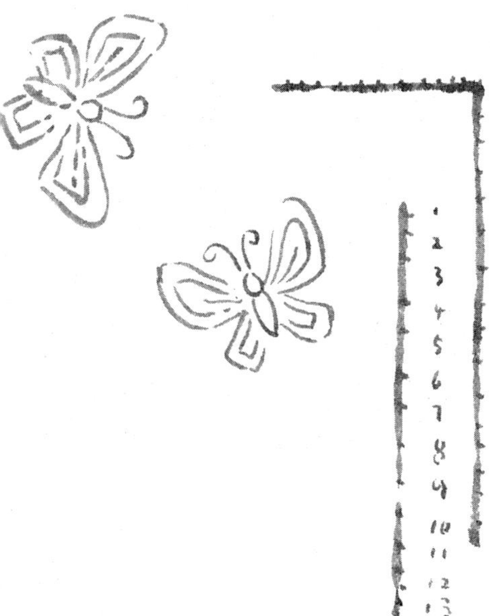

神 그 자체와의 관계가 아니고 자기의 지식과 상상만으로 스스로 만든 神과의 만남이니, 믿음은 원망이 되어 돌아오고 마는 것이야.

사랑이란 건 본래 상대가 누군지도 모를 때, 그 무지가 만들어내는 신비에 지나지 않아.

다시 말하자면 사랑은 가상假想 위에 세워진 허구虛構야.

시간 속에 대상의 정체가 드러나면 끝나고 마는 것이 사랑이라는 것이지.

때문에 사랑에 의한 고통은, 사랑을 이해하지 못하고 있는데 그 원인이 있는 거야.

그리고 사랑은 본래 미움과 같이 시작되는 것이야.

사랑이라는 말과 미움이라는 말은 동의어야.

그것은 분리될 수 없어.

사랑이 변해 미움이 되고 미움이 변해 사랑이 되기도 하지만 그 둘은 자기 자신의 이해利害의 또 다른 표현일 뿐이야.

사랑하고 있다는 말은 아직은 손해본 게 별로 없어서 실망하지 않았다는 소리이고, 미워하고 있다는 말은 지난날에도

손해 많이 보았고 앞으로도 이익 될 게 없다는 소리 이상의 뜻은 없는 거야.

누구나 속셈은 동물적인 계산을 하고 있으면서 밖으로는 무슨 인간적이니 하는 가면을 쓰고 있는 데에 문제가 있어.

그러니 어렵고 복잡한 것 다 덮어버리고, 바로 상대와 나 사이에 이해利害의 일치점을 찾으려는 곳에 참다운 조화가 생기고 합의가 도출될 수 있다는 것을 먼저 깨달아야 해.

서로의 이해利害가 맞아 떨어지는 곳에서는 이른 바 참사랑이라는 것도 솟아나고 조화도 생기지만, 이해利害가 어긋나는 곳에서는 귀신이 악을 써도 부조화와 원망만 발생한다는 이 현실적인 문제를 우리는 먼저 이해를 하고 관계나 거래에 임해야 해.

우리는 대개 스스로의 생각에 속고 있어. 그리고 또 사람들은 흔히 혼자라는 것과 외로움이라는 것을 같은 뜻으로 생각해.

정말 그럴까?

과연 같이 있다고 외롭지 않을까?

따지고 보면 우린 언제나 혼자야.

누구나 저울질을 하고 살면서
하지 않는 척한다.

사람이 외로운 것은 자기 자신 속에 말이 없기 때문이야.

말의 재료는 글에서 얻어지는데, 속에 말이 없는 것은 책을 많이 보지 않았다는 말이 돼.

침묵하고 있는 것도 사실은 언어야.

글을 많이 읽은 사람은 속에 말이 가득 있어 사람이 아닌 그 무엇과도 대화가 가능해지지.

아름답고 향기로운 꽃과도, 무성한 큰 나무와도, 하늘과 땅과도…….

그런 사람은 어떤 대상과도 대화가 가능하기에 오히려 혼자 있는 것이 더 행복하고 후회없는 시간이 될 수 있는 것이야. 그는 자연과 인간을 구별없이 수용할 수 있기에 성숙된 삶을 살지.

그는 나 아닌 존재를 사랑할 수 있기에 자기 자신도 사랑할 수 있는 존재가 돼.

다른 생명에서, 다른 사물에서 신성神性을 느낄 수 있는 사람은 그가 神에게로 가지 않아도 神이 그에게로 와.

그는 고독이 주는 자유를 향유할 수 있기에 스스로의 삶을

성취할 수 있고 우주와 하나 될 수 있어.

이런 말이 있어.

'판단력이 부족해 결혼하고 인내력이 부족해 이혼하고 기억력이 없어 재혼한다.'

어떤가?

공감이 되지 않는가?

결국 영악스럽지 못해서 결혼하고 이혼하고 재혼도 한다는 거야.

결국 똑똑한 생물의 삶이란 그물에 걸려들지 않고 큰 바다에서 노니는데 어리석은 자가 이리 저리 받치면서 스스로 감옥에 갇히고 말아.

다음과 같은 말도 있어.

'완전한 대상이어야 완전한 사랑이 이루어지고 완전한 도덕이 발생한다.'

이 말대로 하면 불완전한 대상하고는 완전한 사랑도 완전한 도덕도 기대할 수 없다는 것이야.

이 말 속에 인간의 근원적인 불행이 스며 있어. 우리는 누

그대의 모습에 살아온 연륜이 나오고
무엇을 느끼고 생각하며 사는지 그대로 드러난다.

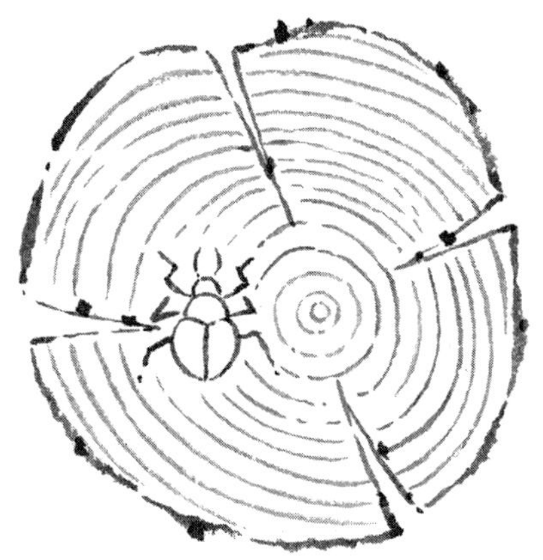

구나 미완성적인 상태에 놓여 있지.

완성을 향해 달려가는 가도에 있는 것이야.

너도 나도 불완전한 상태에 있으면서 누구나 완전한 것을 바라니 현실이 파괴되고 사람이 고통받게 되는 것이야.

더욱이 인간의 심리가 자신은 아무래도 괜찮고 상대는 완전해야 함으로 문제는 더욱 커지게 돼.

문제가 이러하니 해결의 방법은 인간에 대한 이해뿐이야.

어떤 사람은 '삶의 가장 큰 행복은 자신이 사랑받고 있다는 믿음에서 온다.' 했어.

이 말은 사람은 스스로 내놓는 것에서는 행복을 느낄 수 없다는 것이야.

먼저 주어야 받을 수 있다는 생각조차도 하지 못하는 어리석은 존재가 인간이야.

어쩔 수 없이 내놓는 것도 받을 욕심에서 내놓지 그냥 내놓지는 못해.

이러한 인간의 심리가 먼저 이해되어져야 사랑도 결혼도 성공으로 이끌 수 있는 것이야.

다음으로 심리적으로 불행한 이유에 대해 알아보자.

문제는 자존심이야.

생명체는 자존심으로 뭉친 존재야. 어떤 고통에 처해 있어도 자존심만 살아 있으면 불행하지 않는 것도 사람이야.

다 가진 부유한 왕도 자존심이 상하면 불행해 하고 아무것도 없는 거지도 자존심만 지켜지면 행복해 해.

사람들의 정신질환도 자기 자신의 품위를 지키려는 자존심이 무너졌을 때 발생하는 거야.

스스로를 지키려는 마음이 절망을 느꼈을 때 정신을 잃고 마는 거란 말이야.

니체는 '나는 神을 믿을 수 없다.

내가 神을 믿는다면 도대체 나의 존재는 무엇인가?

어디까지나 나에 의한 神이지 神에 의한 나는 아니다.

나는 위대한 나를 포기할 수 없어 神을 믿을 수 없다.'

이렇게 자신의 존재에 대한 긍지를 지니고 삶에 임할 수 있으면 스스로 위대해질 수 있을 것이고 어떤 문제를 만나도 좌절하지 않게 될 것인데 자긍심이 부족한 것이야.

그런데 神은 죽었다고 선언하고 그 神의 자리에 초인超人인 자기 자신을 앉히려고 했던 니체는 결국 정신병으로 죽었어.

여기서 다시 생각해 봐야 할 인간적인 문제는 없는지 진지하게 살펴봐야 돼.

지금 네가 '우아한 정신병' 을 앓고 있으니 말이야"

5

茶 사업

새의 긴 얘기가 끝이 나도 나무는 별다른 반응을 보이지 않고 있다가 조용히 입을 열었습니다.

"논리적으로는 네 말이 맞아. 하지만 사랑은 비논리적인 도약에 의해 완성되는 거야.

그래선 안 되는 일이지만 우리는 사랑 때문에 죽을 수도 있고 어떤 손해도 기꺼이 감수하는 거야.

사랑은 뚜렷한 이유도 없이 빠져들고 마땅한 까닭도 없이 헤어나지 못하는 것인가 봐."

거미와 새는, '사랑을 하는 이는 스스로 깨달아야지, 남이 사랑을 이해시킬 도리가 없구나.'

싶어 입을 다물고 말았습니다.

나무는 계속 그렇게 사랑의 열병에 생기를 잃어가고 있는데, 어느 날 갑자기 만석이가 나타났습니다.

茶나무의 존재에 대해 까맣게 잊은 만석이 다른 볼일로 茶나무 앞을 지나가게 되었던 것입니다.

나무는 기다리던 사람이 이제야 돌아온 줄 알고 반갑게 그를 맞이했습니다.

"어서 와.

나는 언제나 너를 기다리고 있었는데, 너는 이제야 오는구나.

그 동안 어른이 다 되었구나."

만석은 그제서야 옛일이 기억나는지 잠시 머뭇거리다가 말을 받았습니다.

"그래, 옛날에 나는 너에게 자주 놀러 왔었지.

그런데 어찌 옛일을 아직도 기억하고 있어?"

가르칠 수도 배울 수도 없는 게 있다.
그것은 스스로 깨달아야 하는 자기 몫이다.

나무는 인간의 말에 황당해 하다가 겨우 말을 이었습니다.

"지난 일을 어떻게 잊는단 말이야?

인간은 그렇게 사는 거야?"

"그래. 인간에게는 오직 다가오는 미래가 문제야.

지나간 과거에 사로잡혔다가는 미래를 망치게 돼."

"과거에 의한 현재야!"

"아니야, 미래에 의한 현재야.

그리고 너는 무엇을 가지고 있지?

나는 돈이 있어야 돼.

너에겐 내게 줄 돈 같은 게 없잖아."

한동안 당황해하던 나무는 슬픈 듯 말했습니다.

"너는 어떤 이익이 있어야만 내게 오겠니?

무엇인가를 받아갈 수 있어야 좋단 말이야?"

당연하다는 듯 사람이 대꾸했습니다.

"이득이 없는 곳에 사람의 발길은 가지 않아.

자기 자신은 있는 것도 내놓지 않지만 남에게는 없는 것도 내놓으라는 게 사람이야."

"인간은 그런지 몰라도, 우리는 그렇지 않아.

그저 때가 되면 꽃을 피우고 열매 맺으며 스스로의 할 일을 할 뿐이야.

그 누가 요구하지 않아도 줄 것은 다 주고 베풀 것은 다 베풀어.

나비와 벌들에게는 꽃을 주고 새들과 짐승에게는 열매와 잎을 주지.

그리고 사람들에게는 햇볕이나 비바람을 피할 그늘도 줘. 우리는 베풀지만 언제나 받을 생각은 없기 때문에 네가 말하는 돈 같은 것은 필요가 없는 거야."

"그렇다면 나는 너를 찾아올 이유가 없어.

그래서 우리의 관계는 벌써 끝난 거야.

잘 있어.

나는 돈이 있는 곳으로 가야해.

왜냐하면 나는 변화에 따라야 하거든."

만석이가 하는 이별의 소리에 가슴이 도려내지는 듯한 아픔을 당하던 나무가 말했습니다.

"그러지마!

지금 문득 생각이 났는데 네가 꼭 돈이 필요하다면 내가 만들어 놓은 잎을 따서 팔도록 해.

올해는 유난히도 잎이 많아.

네가 잎을 팔면 돈이 될 것 같애."

만석이는 금세 표정이 밝아졌습니다.

"그래, 그러면 되겠구나.

그 생각을 하지 못 했어."

좋아하던 만석이는 왠지 금방 슬픈 소리를 내놓았습니다.

"그런데 누가 사지?

누가 너의 잎을 돈을 주고 사겠냐 말이야."

茶나무는 자신이 있는 듯 힘주어 말했습니다.

"그건 걱정 안 해도 돼.

인간들은 말이야.

너 나 할 것 없이 모두가 중독 현상에 고통 받으며 신음하고 있어.

몸은 몸대로, 목마르고 배고프다고 아무거나 먹고 마시다

나무는 다만 스스로 꽃 피우고
열매 맺을 뿐이다.

가 중독되어 있고, 마음은 마음대로 외롭고 괴롭다고 이 사람 저 사람 아무나 만나다가 사람의 기갈에 중독되어 신음하고 있어.

이렇게 아프지 않은 사람이 없으니 네가 내 잎을 따다가 해독解毒에 좋다며, 茶장사를 해 봐.

아마도 큰 돈을 벌 수 있을 거야."

나무의 말에서 용기를 얻은 사람이 맞장구를 쳤습니다.

"그래, 茶 잎의 약효는 이미 내가 체험으로 알고 있으니까 자신있게 장사할 수 있을 것 같애."

조급해진 사람이 나무로 기어오르려고 하자 나무가 말했습니다.

"그러지 않아도 돼.

네가 고생하지 않아도 돼.

내가 잎을 다 떨어뜨려줄 테니 너는 밑에서 주워 담기만 해."

나무는 사람에게로 잎을 하나하나 떨어뜨렸습니다. 잘 떨어지지 않는 잎도 모질게 꼭지를 잘라주어 사람을 기쁘게 해주었습니다.

떨어진 잎은 뿌리로 가
다시 자신을 키우는데…

나무는 이미 잎이 하나도 없는 데도 사람은 더 없는가를 살피면서 더 많이 갖기를 열망했습니다.

그래도 나무는 사람의 욕망을 다 채워줄 수 없는 게 안타까울 뿐이었습니다.

그러는 동안에 파랑새의 집도 부서지고 거미줄도 다 상해버려 새와 거미는 자신들의 집을 다시 지을 수밖에 없었습니다.

"나무는 바보야.

인간의 속성을 아직도 몰라.

잎을 다 주고나면 가지를 달라하고 나중에는 둥치까지 베어갈 인간의 무자비한 욕심을 아직도 모르고 있는 거야."

새의 말에 거미가 다음과 같이 대꾸했습니다.

"다 내주어도 아깝지 않은 게 사랑 아닌가?

아무것도 아닌 것 같아도 가장 무서운 게 사랑 같애."

"우리, 나무를 해롭히는 저 인간, 공격할까?"

"소용없어.

인간이란 그렇게 만들어져 있고 세상은 또 그렇게 침략하고 침략당하면서 돌아가는 거야."

"그래 맞아. 죽고 사는 게 다 그렇고 얻고 잃는 게 다 그렇게 만들어지더라."

거미와 새는 부서진 집을 계속 열심히 고치고 있었습니다.

6

인생이 어려운 이유

茶잎을 힘들게 시장으로 싣고 나온 만석이는 전을 펼쳤으나 장사가 되지 않았습니다.

우선 茶잎이라는 것이 일반 사람들에게 생소한 것이었을 뿐 아니라 그것을 먹는 방법까지도 알지 못했으니 판매가 될 수가 없었지요.

아침부터 저녁까지 마수걸이도 못하고 있는 만석이 앞에

생존을 위한 몸부림은 그것이 어떤 것이든
다 정당하다지만….

아주 영악해 보이는 젊은 여인이 나타나 茶잎을 만지며 말을 걸었습니다.

"이게 뭐예요?

처음 보는 건데……."

만석이는 반갑게 손님을 맞이했습니다.

"茶잎입니다."

"어떻게 먹는 건데요?"

머뭇거리다가 만석이가 말했어요.

"달여 먹는 거예요."

이상한 듯 만석이를 바라보던 여인이 말했습니다.

"달여 먹어요?"

"네."

"어디에 좋은데요?"

"해독제입니다."

"어떻게 검증이 됐어요?"

"제가 스스로 실험해 봤습니다."

여인은 기가 찬 듯 만석이를 훑어보다가 숨을 돌린 후 입을 너와 나 사이에 놓여 있는 다리를 조심하라.
그건 언제 무너질지 모르는 위험물이니
함부로 디디지 말아야 한다.

열었습니다.

"이 보세요!

젊은 양반, 참 딱한 사람이군 그래."

다소 놀라며 만석이가 물었습니다.

"왜요?

제가 무슨 실수라도?"

여인은 이제 아예 만석이를 무시하는 투로 말을 이었습니다.

"실수도 보통 실수가 아니지.

아주 망해 먹을 실수니까."

만석이는 그만 말문이 막혔습니다.

"이 멍청한 양반아.

내가 몇 수 알려 주지.

우선 당신이 팔고자하는 상품이 약재라면 약을 파는 곳으로 가야지 어찌해서 채소 파는 시장으로 오느냐 말이야."

만석이는 아연해지고 말았습니다.

"그뿐 아니라 이것이 약재라면 이미 어떤 검정을 거쳤다는 명백한 자료가 있어야 돼.

세상이 어떤 세상인데 말로 통할 것 같애?

그리고 복용방법도 명백하게 제시되어야 하고 또 어떤 가공이 되어야 상품으로서의 가치를 발휘하게 돼.

알겠어?"

자신은 미쳐 상상도 하지 못했던 말을 여자로부터 듣고 보니 만석은 아무런 준비 없이 덤빈 자신의 실수를 인정하지 않을 수 없었습니다.

"하신 말씀이 구구절절이 다 옳습니다.

전 아무것도 모르니 절 좀 도와주십시오."

"또 실수하네.

내가 어디서 뭐하는 누군 줄 알고 부탁이야?"

계면쩍에 웃으며 만석이가 주섬주섬 말했습니다.

"아! 찬, 어디서, 뭐 하시는 분인지?"

"나는 약재를 무역하는 사람이야.

우리 것을 내다 팔고 다른 나라 것을 들여오지.

이름은 주석영이야."

"네, 그렇습니까.

저는 만석입니다.

저는 장사에 경험이 없으니 잘 좀 부탁드립니다."

"그래.

새로운 물질이라 구미가 당기기도 하는데….

아무튼 실험을 해봐야 돼."

"네. 그저 이래라 저래라 시켜만 주시면 그대로 하겠습니다."

"좋아.

그럼 짐 싸들고 날 따라와.

어쩌면 돈이 될 것도 같으니."

의기투합된 그들은 그날부터 같이 지내며 茶잎의 맛과 효능을 높이는 실험에 들어갔습니다.

연구가 진행되자 만석이가 할 일은 자연 원료인 茶잎을 모으는 일이 되었습니다.

천지사방을 돌아다니며 茶나무의 군락지를 발견하고 거기에 머물게 되었습니다.

그 군락지 옆에는 나이가 백 살은 넘게 보이는 도인이 토굴속에 살고 있었는데 어느 날 도인이 만석이에게로 와 말했어요.

일이란 의욕적으로 해야 능률이 오르지
의무적으로 하면 좋은 결과를 얻지 못한다.

“젊은이, 일하는 꼴이 그게 뭔가?

할 말을 찾지 못하고 있는 만석이에게 도인의 말이 계속 날아들었습니다.

“일이란 의욕적으로 해야 능률이 오르지.

의무적으로 하면 좋은 결과를 얻지 못하는 것이야.”

하던 일을 중단한 만석이 도인 앞에 서며 말했습니다.

“제가 일하는 모습이 좋지 않게 보였군요.”

“그럼 내가 괜히 시비할까?”

“사실은 까닭이 있습니다.”

“그게 뭔가?”

“사실은 제게 동업자가 있는데 그게 도무지 믿음이 가지 않아요.

꼭 이용만 하고 배신당할 것 같아요.”

“음. 그래서 일에 신이 나지 않는군.”

“네.”

“옛말에도 동업은 부자지간에도 하지 말라 했네.

그런데 남과 더불어 했으니 문제가 생길 수밖에.”

만석은 고개만 끄덕이고 있었습니다.

“이제라도 그만두면 되지 않는가?”

“그게 쉽지 않아요.”

“왜?”

“분명한 이유를 모르겠어요?”

“모를 일이 뭐 있겠어.

탐욕 때문이겠지.”

“그런 것도 같습니다.”

“상대가 여자군.”

“아니, 그걸 어떻게?”

“위험한데도 놓지 못하는 이유가 달리 있겠어.

돈과 여자!

남자가 바라는 게 그것밖에 없겠지만 그건 둘 다 위험한 폭발물 같은 거야.

그 위험한 것과 상대하려면 우선 그것들을 이해해야 해.

사랑이라는 것은 서로 조건이 맞을 때 흥얼거리는 소리에 지나지 않아.

사랑이란 좋을 때는 천국을 만들고
싫을 때는 지옥을 만든다.

좋을 땐 천국을 만들었다가 싫을 땐 금방 지옥으로 떨어지고 말지.

또 돈이란 것도 그런 이중성을 지니고 있어.

돈이란 이용을 잘하면 사람을 승화시키지만 잘못 이용하면 사람을 무자비하게 파괴시키고 말아.

그러니 우선 그 둘을 잘 이해해야 한단 말이야.

삶에는 돈이 전부야.

속담에 돈만 있으면 귀신도 부린다 했어. 맞는 소리야.

돈은 모든 불가능을 가능으로 바꾸는 위력을 지니고 있으니 사람을 돈으로 부릴 생각을 해야 돼.

인간을 믿고 사랑을 믿는다는 소리같이 황당한 게 없어.

조건이 맞지 않으면 어떤 약속이나 맹세도 깨고 마는 게 사랑의 정체니 사랑이란 소리에 현혹되면 다치고 마는 거야."

"그럼 어떻게 하면 돈을 벌 수 있을까요?"

"거기엔 왕도가 없어.

오직 스스로 길을 찾아야 해.

누가 만들어 놓은 길이 있을 수 없는 거야.

땅에도 길이 있고 물에도 길이 있다.
이미 나 있는 길을 이용해서 자신의 길을 만들어 봐.

그 누구의 길과 내 길이 같을 수가 없으니….

인생이 어려운 이유가 거기에 있어.

땅에도 길이 있고 물에도 길이 있어.

이미 나 있는 길을 보고 자신의 길을 만들어 봐."

"그렇군요."

"삶의 문제는 체험을 통해 스스로 깨달아 나가는 거야.

죽어봐야 저승을 안다지 않는가.

자네도 수많은 시행착오 끝에 '아!'
하고 깨닫는 소리가 자기도 모르게 나오게 될 거야.

그런 자네에게 약이 될지 모르니 내 이야기 하나 하지."

"네. 말씀 하십시오."

7
108 이란 숫자의 의미

"이런 이야기가 있네. 옛날에 병아리 한 마리가 닭장 속에서 주는 먹이를 받아먹으면서 편하게 살고 있었지.

그 병아리에게는 아무데나 다니는 자유는 없었지만 인간에게 보호받음으로써 생명에 위험은 없다는 것에 만족하며 나날을 보내고 있었지.

보호받는 안전보다 위험해도 자유가….

그런 병아리에게 어느 날 갑자기 낯선 사람이 나타났어.

낯선 사람에게 공포를 느낀 병아리는 그의 손이 닿지 않는 곳으로 가 그를 피했어.

잠시 후 그가 사라지자 병아리는 안심하며 나왔지.

그런데 사람이 떠난 그 자리에 먹음직한 옥수수가 많지도 적지도 않게 놓여 있는 거야.

'옥수수는 그 사람이 두고 갔을까?

그가 왜?'

의문에서 벗어나지 못하고 있는 병아리에게 다음날 또 그 사람이 나타나 병아리는 다시 도망쳤어.

사람이 가고나자 다시 또 옥수수가 어제만큼 놓여 있는 거야.

병아리는 분명히 옥수수와 사람과는 무슨 연관이 있다고 생각했어.

그러나 그렇다고 결론을 내리기는 아직 이르다고 병아리는 결론을 유보했어.

그런데 사람이 오고 옥수수가 생기는 일이 매일같이 되풀이되자 병아리는 사람은 원인이 되고 결과는 옥수수가 남는

유혹에는 이유가 있는 법.
드러나는 현상에서 숨은 까닭을 찾으라.

인과관계가 자신에게 해롭지 않다는 생각에 이르게 되었어. 병아리는 사람이 나타나고 옥수수가 생긴 날을 헤아려 보니 무려 99번이나 되는 거야.

병아리는 지금껏 의심하고 지켜보면서 충분히 관찰하였기에 드디어 사람을 믿게 되었어. 그러자 병아리는 사람을 기다리기 시작했어.

마침내 사람이 100번째로 나타나자 병아리는 아무 두려움 없이 그에게로 다가갔어.

그때 그 순간 병아리는 그만 인간의 먹거리가 되기 위해 목이 비틀어지고 만 거야.

이렇다, 저렇다 하는 결론은 이렇게 무서운 결과를 초래해. 그러니 실수하지 않으려면 언제나 결론을 피해야하지.

생각이 결론을 만들면 마음이 나서서 그것을 유보시키고 행동이 일어나지 않게 막아야 살아남을 수 있어.

같은 일이 99번 별 일 없이 되풀이되어도 100번째 예외가 나타날 수 있는 게 세상일이야.

언제나 조심하고 경계하면서 믿음을 없애야 자신을 지킬

언제나 결론을 피하라.
결론은 때로 그대를 죽음으로 이끌기도 한다.

수 있는 거야."

긴 이야기를 진지하게 들은 만석이가 입을 열었습니다.

"잘 들었습니다.

명심하겠습니다."

"그래."

대답을 한 도인이 만석을 살펴보다가 말을 이었습니다.

"그런데 말이야.

우리가 세상사를 또 다르게 살펴보면 다른 소리도 나오게 돼. 그거 조심하고 경계하면서 아무 일도 없으면 아무런 발전도 있을 수 없는 거야.

발전이란 위험을 무릅쓰고 부딪치고 행동하는 그곳에서 생겨나거든.

절대 진리는 없어.

단지 그때 그 순간의 상황이나 대상에 따라 마땅한 바를 찾고 그렇지 못하면 적당한 바를 찾아 적절하게 대처해 나가는 요령 속에 삶의 진리가 있을 뿐이야.

그 요령이란 것은 이른바 타협이고 흥정인데 그것은 대립

이나 투쟁보다는 나은 효과를 도출할 수 있는 거야.

그러니 생존을 위해 타협할 줄도 알고, 생활을 위해 흥정할 줄도 아는 변통이 있어야 하는 거란 말이야."

도인의 말을 듣는 만석의 마음속에는 벌써 자기 처세의 그림이 그려지고 있었습니다.

茶잎에 대한 연구는 우선 생으로도 먹어보고, 삶아도 보고, 찌기를 하고, 덖기도 하고, 발효도 시켜보는 등 온갖 짓을 다 해 보았습니다.

그런데 생물의 기능이 오묘한 것이라 그 가공처리에 따라 기미氣味가 달라지고 약성藥性도 달라지면서 주효능까지 변하기도 했습니다.

물론 茶의 재료가 무엇이냐에 따라 다르겠지만 이 나라에서 나는 茶의 재료로서 그들이 내린 최종 결론은 덖는 것이 가장 효능이 좋고 상품성도 있다는 것이었습니다.

"이제 문제는 이것을 어떻게 포장을 하고 광고를 하느냐 하는 것이야.

사실보다 많이 부풀려서 과대포장, 과대광고를 하여 소비자

들을 현혹시켜야 하는데 무슨 기발한 발상이 없을까?"

석영이의 말을 들은 만석이 반대의견을 내놓았습니다.

"그래서는 안 되지요!

사실대로 해야지 조작을 해서는 나중에 생길 문제를 어떻게 감당합니까?"

"또 멍청이 같은 소리를 하는군.

이봐!

잘 들어.

정치가는 말이야, 현실과 꿈을 조작해서 권력을 잡아.

그리고 사업가는 상품을 조작해서 돈을 벌지.

또 사랑하는 사람들은 사랑을 조작해서 상대를 침략해 들어가 욕망을 채워.

다시 말하자면 세상은 허구가 끌고 가지 진실이 끌고 가는 게 아니야.

도덕이 끌고 가는 게 아니고 폭력이 끌고 가는 것이란 말이야.

당신이 지금껏 그 꼴인 것은 그 되지못한 생각 때문이야. 더 이상 빌어먹지 않으려면 시키는 대로나 해."

만석은 전부터 사람을 만난 게 아니고 도둑을 만나고, 여자를 만난 게 아니고 요물을 만났다는 생각을 하고 있다가 그 생각을 속으로 더 굳히고 있었습니다.

"왜 말이 없어.

아직도 못알아 들었어?"

"알았어요."

만석은 기어들어가는 소리로 겨우 답했습니다.

문득 좋은 생각이 난 듯 석영이 만석을 불렀습니다.

"이봐!"

"네. 말씀하십시오."

만석은 마치 주인을 따르는 하인과도 같았습니다.

"차茶라는 글자 말이야."

"글자가 왜요?"

"차茶라는 글자를 내가 풀이해보니 이십(十十)이란 숫자가 위에 있고 그 밑에 팔八과 십+이 있고 다시 그 밑에 팔八이란 숫자가 있어.

그것을 다 합치면 108이란 숫자가 나와."

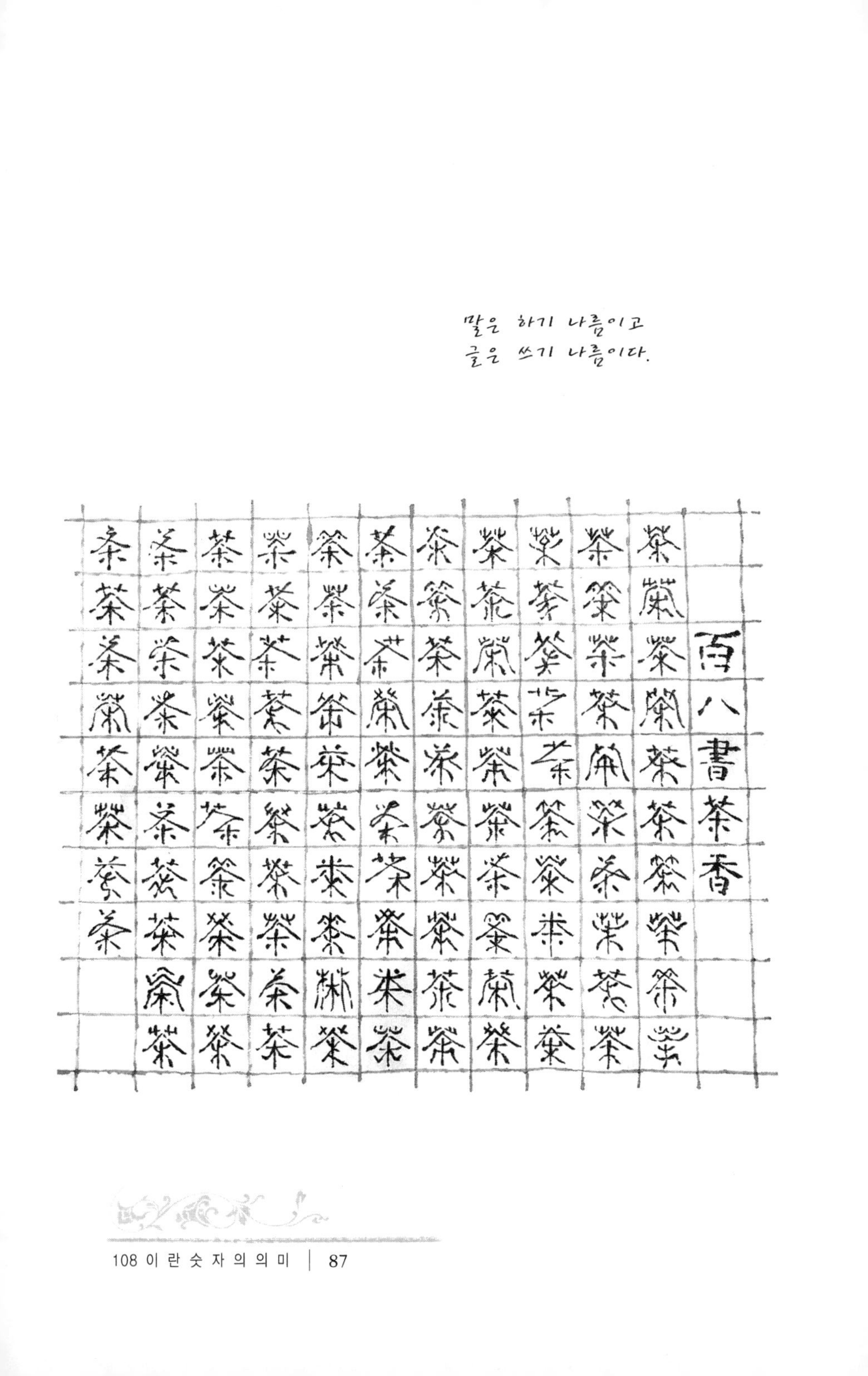

말은 하기 나름이고
글은 쓰기 나름이다.

百八書茶香

만석은 문득 茶나무의 이름을 지을 때가 생각이 나 그렇지 않다고 부정했습니다.

"아닙니다.

그런 게 아니고……."

석영이가 신경질적으로 말을 받았습니다.

"아니긴 뭐가 아니야!

그렇다면 그런 게지.

이봐.

말이란 하기 나름이고 글이란 쓰기 나름이란 말이 있어.

그러니 말이야.

차잎에는 다루기에 따라 108가지 맛이 나오고 108가지 효능이 있다고 선전하면 어리석은 인간들한테 그대로 먹혀 들어갈 것 같아.

어때?"

만석은 듣고 보니 그럴 듯도 하여 입을 열었습니다.

"그 참, 듣고 보니 장사가 될 것도 같습니다."

"될 것도 같다니, 당연히 잘 돼야지."

"그렇습니다.

잘 돼야지요."

대답을 그렇게 하고 난 만석이가 이해되지 않는 듯 다음과 같은 말을 덧붙였습니다.

"그런데 말입니다.

어떻게 순간적으로 그런 발상을 다 하십니까?"

몸을 으쓱해 보이던 석영이가 답했습니다.

"그런 게 다 그냥 되는 게 아니야.

하다못해 논두렁 밭두렁 정기라도 받아야 가능해."

"아무튼 앞으로 잘해 나가 보지요."

이런 갈등 속에서도 시간이 지나 석영이가 내놓은 광고문구는 기발했습니다.

우선 그 첫째는 '체질에 관계없이 약을 음료처럼 즐겁게 마시는 시대가 왔다.' 는 것이었지요.

또 '모든 약들은 그 효과에 상응하는 부작용이 있는데 새로이 개발된 茶라는 약은 어떤 부작용도 없이 모든 병을 예방 · 치료한다.' 는 것이었습니다.

그런가하면 '일단 사람이 어디가 아프면 그것은 어떤 중독현상에서 시작되는데, 그 중독현상을 해독시키는 데 어떤 약재보다 탁월한 효과를 지니고 있다.' 는 소리는 대중의 마음을 사로잡는 데 효과가 있었습니다.

거기다 詩的 내용까지 첨가시켜 나갔으니…

몸이 아파도 약이라는 것에 거부감을 느끼던 사람이나 아픈 데도 없이 아픈 사람들은 석영이가 내놓은 광고에 거의 다 현혹당해 茶는 날개가 돋친 듯 팔려나갔습니다.

사업이 본궤도에 올라도 이익에 대한 분배가 없자 기다리다 못한 만석이 드디어 분배를 요구했습니다.

뜻밖의 소리인 듯 석영이 말했어요.

"그게 무슨 소리야.

우리가 남이야.

같이 지내는 사이에 네 돈 내 돈이 어디 있어?"

그녀의 말은 비단 같아도 사실은 그렇지 않았습니다.

자기 필요에 이용만 할 뿐 인간대접은 전혀 해주지 않는 그녀의 이중성에 환멸을 느낀 만석은 그만 중대한 결심을 하고

말았습니다. 그것은 말이나 생각으로서는 그녀를 당할 도리가 없으니 모든 것을 포기하고 떠나자는 것이었습니다.

처음부터 믿었던 게 잘못이었지요.

아니, 믿지 않고 모든 것을 사무적으로 분명하게 처리했다 해도 그녀의 야욕은 그 무슨 이유라도 들어 자기를 내치고 말지 정당한 분배를 할 위인은 아니었습니다.

남을 이용하려다가 이용만 당하고, 믿었다가 배반당한 만석은 어느 날 뒤도 돌아보지 않고 그녀의 곁을 그만 떠나고 말았습니다.

차 주전자
가운데
해와 달이
있다

茶壺中寄

땅이 있고
하늘과
찻잔 속에
乾坤
茶椀裏托

8

사랑의 독성

사람에게 나뭇잎을 다 내주었던 茶나무는 또 새잎이 돋아날 때마다 이제나 저제나 하고 사람을 기다렸지만 낙엽이 져도 사람은 오지 않았습니다.

아리고 시린 나무의 아픔 속에서도 세월은 흘러 겨울이 가고 다시 봄이 찾아왔습니다.

그러나 세월이 흐를수록 나무의 아픔은 나아가는 게 아니

고 더욱 심해져서 정말 곧 죽을 것만 같았습니다.

거미와 새는 나무를 그대로 죽게 내버려둘 수 없다는 생각으로 다시 나무와 진지하게 대화를 시작했습니다.

"나무야, 너 우울증이란 소리 들어 봤어?"

새의 소리에 나무는 힘없이 대답했습니다.

"응, 들어보기는 했어."

"네가 지금 보이는 증세가 바로 우울증 같애."

"우울증으로 죽기까지 해?"

"그럼, 이른바 자살이란 게 대개 그런 증세로 일어나는 거야."

"우울증의 원인은 뭔데?"

"애정 결핍이 그 원인 중 하나지."

나무는 다소 이해가 되는 듯 다시 물었다.

"애정 결핍?"

"응."

"사랑이 충만한 자들에게는 그런 증세가 오지 않아."

자신의 병명까지 알고 나니 더욱 사람이 그리운 듯 나무는

하늘을 보며 긴 한숨을 쉬었습니다.

그 모습이 애처로운 듯 바라보던 새가 다시 말했습니다.

"물론 애정 결핍에서 우울증이 오기도 하지만 더러는 선천적인 이유와 환경적인 이유로 오기도 하고, 또 뚜렷한 까닭 없이 그런 증세가 나타나기도 해."

한동안 말없이 자신을 성찰하던 나무가 무겁게 입을 열었습니다.

"몸과 마음이 다 시들시들해 가고 있으니 나의 생명은 끝나가고 있는 것 같애."

짐작은 하고 있었어도 막상 나무한테서 죽음에 대한 소리를 들은 거미와 새는 크게 놀라며 말했습니다.

"안 돼!

그런 생각을 하면 안 돼.

사랑이 어려워지는 것은 네가 아니면 안 된다는 오해 때문이야.

그가 아니라도 돼.

더 나은 인간들도 얼마든지 있고 또 다른 대상들도 많아.

사랑이 어려워지는 것은
네가 아니면 안 된다는 오해 때문이야.

자신의 생명을 스스로 죽이는 것보다 더 큰 죄는 없어.”

“나는 이미 나를 끌고 갈 힘을 잃고 말았어.”

“그렇지 않아.

너에게는 어떤 시련도 극복해낼 힘이 있어.”

말이 막히는지 잠시 생각하던 새가 다시 말을 이었습니다.

“인간들은 말이야, 그 못된 인간들은 말이야, 지금 네가 앓고 있는 병을 ‘마음에 드는 감기’ 라고 해.

그렇게, ‘마음에 드는 감기’ 라는 말을 이해하면 그 속에 길이 있어.

다시 말하자면 감기는 누구나 드는 거야.

잠시 앓다 다시 일어나는 거란 말이야.”

“다시 일어나지 못하고 합병증으로 죽는 것들도 있잖아.”

“물론 예외가 있지. 그러니 그렇게 부정적으로 생각하지 마. 생각 하나 바꾸면 털고 일어나게 되는 거야.

그 무슨 독한 바이러스가 네게 침입해서 너를 공격하고 있는 게 아니란 말이야.”

“사랑의 독성보다 더 무서운 게 어디 있어.

한 번 감염되면 죽음도 두려워하지 않게 되니……."

새는 또다시 나무를 설득시킬 도리가 없다는 생각이 들어 그만 입을 다물고 말았습니다.

남의 말에서는 위로를 찾을 도리가 없는 茶나무가, 마치 서리 맞은 것처럼 축 늘어져 있는 그 때, 목이 길고 눈이 맑은 큰 사슴이 먹이를 찾아 茶나무에게로 왔습니다.

"어찌 혼자 왔어?

같이 다니던 짝은 어쩌고?"

茶나무 잎에다 입을 대던 사슴이 나무에게 말했습니다.

"같이 다니던 짝과는 계속 다니지 않는 게 당연한 것 아닌가?"

이해가 되지 않는 듯 나무가 물었습니다.

"당연하다니?

만났으면 헤어지지 않아야 하는 거 아니야?"

"만났으니 헤어져야지.

살아있는 것이 죽기 마련이듯."

茶나무는 더욱 혼돈스러운지 잠시 생각에 잠기었다가 말했

會者定離회자정리　　만난 것은 헤어지기 마련이고
生者必滅생자필멸　　살아 있는 것은 죽기 마련이다.

습니다.

"그래서 더욱 사랑해야 하는 것 아니야?"

"사랑이 고정불변이라고 생각하는 모양인데, 아니야. 사랑은 이동하는 것이고 변화하는 것이야.

순간적이고 일시적인 것을 영원한 것으로 오해하는 데서 문제가 어려워지고 삶이 고통스러운 것이 돼."

자신의 삶의 자세를 그대로 말하던 사슴이 문득 말을 바꾸었습니다.

"아니, 너 혹시 정 준 데라도 있어?"

茶나무가 말이 없자, 사슴이 말했습니다.

"그렇구나.

어쩨 이상하다 했더니……

상대가 누군지 모르지만 마음 고쳐먹어.

사랑은 내가 하는 게 아니고 상대로 하여금 하게 만드는 거야.

그래야 아픔이 없어."

"아니야. 사랑은 내가 하는 거야.

그저 끝없이 심연 속으로 빠져버리는 거야."

茶나무가 단호하게 말하자 사슴이 말했습니다.

“그러니 속앓이를 하지.

네 꼴을 보니 입맛 가셨다.

나 갈래.

내 한 마디만 더 하지.

삶을 아픔 없이 살려면 만남과 헤어짐에 큰 의미부여를 하지 않아야 돼.

만남이 기쁨일 수도 없고 이별이 슬픔일 수도 없어.

세월이 지나가고 나면 다 그게 그거야.

사랑에 우는 건 바보짓이야.”

사슴이 그런 말을 남기고 떠나자, 새가 말했습니다.

“생긴 것은 고상하고 우아한 것이 생각은 아주 저질이군 그래.”

새의 말을 거미가 받았습니다.

“아니야, 그런 게 아닌 것 같애.

사슴은 사랑까지도 그렇게 단순하고 간단하게 생각하기 때문에 외양이 고결한지도 몰라.”

저 멀리 사슴이 가볍게 뛰어가는 것을 보며 거미의 말이 이어졌습니다.

"저것 좀 봐, 사슴이 뛰는 것을!

무슨 공중 부양술이라도 익힌 것 같애.

몸이 저렇게 가벼운 것은 생각이 가볍기 때문인지 몰라."

거미의 말을 새가 받았습니다.

"음, 이제 알겠다.

네가 날개도 없이 공중을 나는 것을.

너는 언제나 마음에 담아 두는 것이 아무것도 없지.

그래서, 그래서 공중에다 거미줄을 치는구나."

"그래.

사실 몸무게는 얼마 안 돼.

마음들이 무거워 날지를 못하는 거야.

내가 날 수 있는 것은 마음이 없어서야."

새와 말하던 거미가 나무의 눈치를 보다가 말했습니다.

"그리고, 사슴의 말이 맞아.

만남과 이별에 세련되어야 해.

사실 몸의 무게는 얼마 안 돼.
마음이 무거워 날지 못하는 거야.

만남에 붙들리지 말고,

이별에 매이지 않아야 자유로워질 거야.

그 무엇에 구속당하는 건 자기 파괴야.

그리고 또 사랑한다면 그가 어디서 무엇을 하든, 오든 오지 않든 그냥 좋아해야 하는 거야.

조건이 붙는 건 이미 사랑이 아니야.

그건 집착이야."

"사랑은 축복과 저주를 동시에 가져온다는 말이 맞는 것 같군."

거미가 혼잣말처럼 내뱉자, 새가 듣고 맞장구를 쳤습니다.

"그래. 만남이 축복일 수 없고 이별이 저주일 수도 없는데 나무는 언제나 정신이 들지 모르겠군."

9

인간의 한계

다시 여러 해가 지난 후 인간은 초췌한 모습으로 나무 앞에 나타났습니다. 인간의 형색은 변하고 초라해 보였으나 그는 옛날과 다르게 많이 성숙해 보였습니다.

"어서와!

기다렸어.

사방이 벽으로 둘러싸이면 인간은 가두어지는 거야.
집이 클수록 인간이 작아지는 것 몰라?

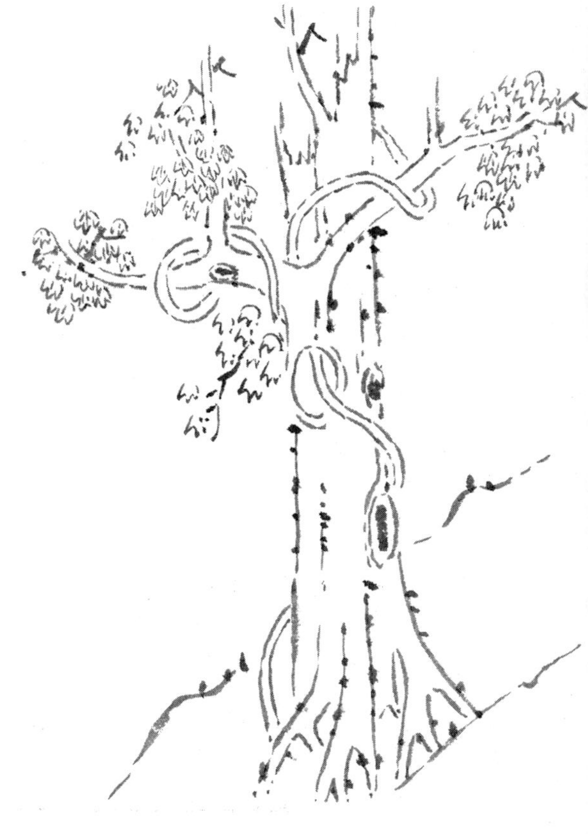

젊은 시절도 가고 이제는 장년이 되었구나. 축하해. 어서 가까이 와서 날 좀 안아봐.

옛날처럼…….”

그러나 사람의 마음은 나무 같지 않았습니다.

“아직도 감상적인 것은 여전하군.

우리가 그렇게 놀았던 것은 어린 시절이었어.

난 이제 달라졌어.

나무를 안지 못할 만큼.”

“그게 무슨 말이야.

정이란 세월이 갈수록 더욱 깊어지는 거야.

세상이 변하는 것이라 해도 변할 수 없는 게 있어.

어서 가까이 와 봐.”

“미친 소리 그만둬.

나는 지금 집을 지을 나무가 필요해.

너는 나에게 집을 짓게 할 수도 없잖아?”

나무는 이해가 되지 않는 듯 말했습니다.

“집이라고?

과연 집이 필요한가?

그냥 우리처럼 살면 안 돼?

하늘을 지붕 삼고 땅을 자리 삼아.

사방이 벽으로 둘러싸이면 인간은 가두어지는 거야.

집이 클수록 인간은 작아지는 것을 몰라?"

"어려운 소리 하지마.

생물들의 삶의 형태는 다 달라.

아무튼 난 단지 집이 필요할 뿐이야."

나무는 인간의 소견이 딱한지 한동안 깊은 생각에 잠기더니 무겁게 입을 열었습니다.

"네가 집이 꼭 필요하다면 나의 가지를 잘라가서 집을 지어 봐.

나는 큰 나무여서 아마도 좋은 집을 지을 수 있을 거야."

사랑은 받아갈 자의 가치 같은 것은 따지지 않습니다.

오로지 주는 데 의의가 있는 것입니다.

받는 자도 또 하나의 나이기에 뭐든 이해가 되고 용서가 됩니다.

사랑은 거래가 아니기에 조건이 붙을 수도 없고 어떤 한계

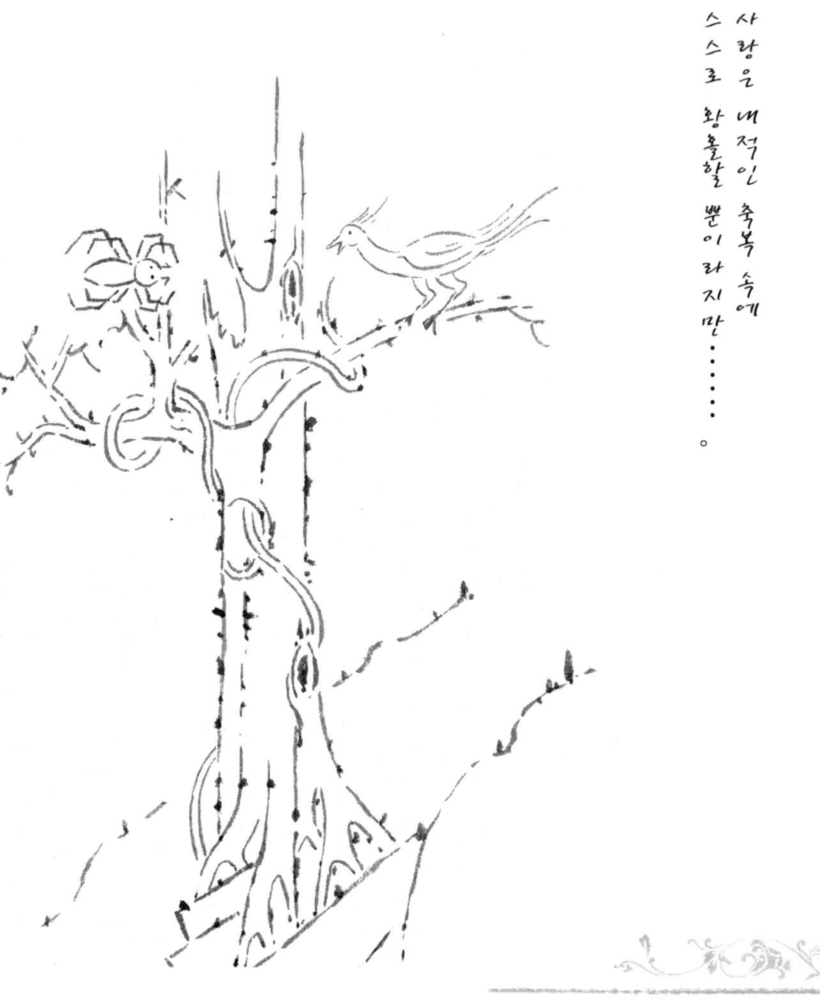

사랑은 내적인 축복 속에
스스로 황홀할 뿐이라지만······。

가 있을 수도 없습니다.

사랑은 그저 내적인 축복 속에 스스로 황홀할 뿐입니다.

나무의 얘기를 들은 사람은 지체없이 일꾼과 장비를 가져와 자기가 필요한 나무를 자르기 시작했습니다.

나무는 사지가 잘려나가는 고통에 그대로 생명을 잃을 것 같았지만 비명 한 번 지르지 못하고 묵묵히 잘려진 곳으로 진한 눈물만 쏟을 뿐이었습니다.

거미와 새는 할 수 없이 조금 떨어진 다른 나무로 거처를 옮길 수밖에 없었습니다.

주는 기쁨, 받는 기쁨에 정신이 없는 나무와 사람을 등지고 거미와 새는 오랫동안 정든 곳을 떠나고 말았습니다.

"인간들의 한계가 저건 가봐.

자기들이 인식할 수 없는 것에 대해서는 아무것도 아닌 것으로 생각하는 거야.

나무에게도 눈이 있고 귀가 있고 느끼고 생각하는 능력이 다 있건만 저렇게 몸과 팔을 잘라내면서도 그것이 나무에게 어떤 고통을 주는 지에 대해서는 무심하니."

다른 나무에 앉은 새가 말하자 거미가 답했습니다.

“인간들은 스스로 잘났다고 뽐내지만 사실 무지하기 짝이 없어. 그러니 생명을 죽이는 저런 폭력을 휘두르면서도 아무런 죄의식도 없는 거야.

그들의 생명이 나무처럼 진화하려면 또 얼마나 긴 세월이 필요할까?”

“인간은 더 이상 진화 안 돼.

오히려 퇴보하고 있어.

공존의 원칙도 모르고 자기들만 생각하는 利己가 저들을 파멸시키고 말거야.”

새와 거미는 계속 잘려 나가는 나무의 고통을 지켜보면서 다 같은 생명의 존엄성을 모르는 인간에 대해 분노하고 있었습니다.

자기가 필요한 나무를 다 챙긴 사람은 나무에게 감사하다는 말 한 마디 없이 다시 사라져 갔습니다.

茶나무에서 재목을 얻은 만석은 그것을 싣고 와 좋은 터를 마련해 집을 짓기 시작했습니다.

그것이 인간들의 한계다.
자기들이 인식할 수 없는 것에 대해서는 아무것도 아니라고 생각하는 것.

고생 끝에 집을 완성하여 입주를 하자 때맞추어 축하의 꽃다발을 든 손님이 찾아왔습니다.

곱게 차려입고 우아하게 보이는 여인은 만석이를 만나자 꽃을 내밀며 인사를 했습니다.

"안녕하세요.

축하합니다.

저는 채영이라 합니다."

꽃을 받으며 만석이가 답했습니다.

"감사합니다.

저는 만석입니다.

또 뵙는군요."

두 사람은 초면은 아니었지만 대화는 처음이었습니다. 만석이가 집을 짓는 동안 채영은 일부러 왔는지 지나가다 들렀는지 가끔씩 와 멀리서 한동안 지켜보다가 사라지곤 했던 것입니다.

"어머나, 절 기억하고 계시는군요."

"어찌 잊겠습니까.

가끔씩 오셔서 소리없이 절 격려해 주시지 않았습니까."

"아니, 먼 거리에서 저의 마음까지 읽으셨군요.

고맙습니다."

"천만에 말씀을 다 하십니다.

감사는 제가 해야지요.

덕분에 저는 온갖 꿈까지 다 꾸었습니다."

감동한 듯 놀라며 채영이가 말했습니다.

"꿈까지?"

"네. 그랬습니다.

이렇게 오셨으니 안으로 드시지요."

"어디, 그럴까요."

현관에 서 있던 그들은 집안으로 들어갔습니다.

새 집을 좋은 듯 둘러보는 그녀를 바라보는 만석에게는 새삼 그녀가 청순하고 아름답게 보였습니다.

"집을 직접 지으시던데 솜씨가 보통이 아니시군요.

감각이 있어요."

"별 말씀을요.

오해와 착각이 비극을 만든다。
자기가 놓은 덫에 걸려들지 말라。

송구스럽습니다."

"아니요.

집장사를 해도 되겠는데요."

마주앉아 차를 들며 세상 사는 이야기를 오랫동안 나눈 채영은 밤이 늦어서야 돌아갔습니다.

10
깨달음이란!

그녀를 배웅하고 돌아온 만석의 눈에 그녀가 빠트리고 간 예쁘고 작은 손거울이 보였습니다. 얼른 다가가 거울을 주운 만석은 그녀의 뒤를 쫓아갈까 했으나 이미 늦은 것 같아 그만두었습니다.

그때부터 만석은 마치 그녀가 주고 간 선물인 듯 거울을 보며 그녀의 모습을 거울 속에 그려 보고 지냈습니다. 그러던

어느 날 다시 갑자기 그녀가 나타났습니다.

"안녕하세요?

지나다 들렀어요.

여기 혹시 내 화장거울이 빠졌던가 하고요."

반가움에 어찌할 바를 모르는 만석이 말했습니다.

"네. 있었습니다.

주인 돌려주려고 소중히 보관하고 있습니다."

"아! 그랬었군요.

전 그런 줄도 모르고 다른 곳에서만 찾았어요."

"어디 사시는 줄도 모르니 찾아나설 수도 없고 그저 기다리고 있었어요."

"저런 괜한 심려를 끼쳤군요.

찾지 않아도 되는데 저에겐 사연이 있는 것이라서……."

"무슨 사연이?"

"어머니의 유품이에요."

"아! 그랬군요.

들어가시지요.

거울은 언제나 있는 그대로를 비쳐준다.
거울은 더하거나 뺄 줄을 모른다.

돌려드릴테니."

"네. 그럼……."

두 사람은 마주앉아 그 사연 많은 茶를 같이 끓여 마시다가 만석이가 말했습니다.

"전 그 동안 내 스스로가 싫어 거울도 보지 않고, 남이 싫어 타인도 만나지 않고 살았습니다.

그런데 남기고 가신 거울은 자꾸만 보게 되더군요."

"왜 그랬을까요?"

"그 거울을 보면 내가 보이지 않고 언제나 거울 주인이 보였으니까요."

만석의 말의 의미를 속으로 새기며 그녀가 말했습니다.

"걱정스럽군요."

"왜요?"

"얄궂게 보였는가 싶어서요."

"아닙니다.

그 반대였습니다."

"다행이군요.

밉게 보이지는 않았는가 싶으니……."

"밉다니요.

거울을 보면 나타나는 거울 주인 얼굴에 내 자신이 텅 비어졌다가, 때로는 꽉 차졌다가 두근거리다가, 설레다가 온갖 변화를 다 겪었습니다.

그래서 전 그 거울이 무슨 요술거울인가 싶었어요."

크게 웃던 채영이가 다음과 같이 말을 받았습니다.

"어머나, 그러기까지 했군요. 말씀을 듣고 보니 갑자기 옛글에 있는 거울이야기가 생각나요."

"말씀해 주시지요.

어떤 얘긴지?"

그럴까요?"

긴 이야긴지 숨을 몰아쉰 채영이가 입을 열었습니다.

"지인지용심약경至人之用心若鏡 깨달은 사람이 마음을 쓰는 것은 마치 거울과 같으니

불장불영不將不迎 거울은 사물을 보내지도 맞아들이지도 않는다.

거울은 누가 간다고 나가 배웅하지도 않고, 누가 온다고 뛰어나가 맞이하지도 않는다.

응이불장應而不藏 다만 응하여 비추어주되 뭘 감추는 것도 없다.

고능승이불상故能勝而不傷 그러므로 사물에 대응하여도 자기 자신이 상하지 않는다.

이 말은 깨달은 사람의 마음은 마치 거울과 같아서 눈앞에 사람이 나타나면 그것에 따라 마음이 응할 뿐 세상을 있는 그대로 받아들여 조금도 상대에게 꾸민 마음을 나타내지 않는다는 말입니다.

모든 사물을 가고 옴에 맡겨둔 채, 가게하고 오게할 생각은 하지 않는다는 말이지요.

다시 말하면 아무런 자기주장 없이 그저 흐름에 따르는 그곳에 참된 자기가 살아있게 된다는 것입니다."

말의 뜻을 새기며 감동에 젖어있는 만석이를 보다가 그녀가 말을 이었습니다.

"어때요.

언제나 거울처럼 있는 그대로 받아들이고
흘러가는 대로 놓아두라.

그 글은 거울을 제게 주시면서 어머니가 남긴 말씀이기도 해요."

"보통 어머니가 아니었군요."

"네. 그래요.

이제는 만석씨도 내가 오면 거울처럼 맞아주고 떠나가면 거울처럼 보내줄 수 있겠어요?"

사랑과 존경이 담긴 눈으로 그녀를 바라보다가 만석이가 말했습니다.

"네. 그렇게 하지요.

언제든 오십시오.

방 하나 비워놓지요."

"아니. 그보다 마음의 방을 비워 놓아야지요."

"아무렴요. 물론이지요."

받았던 거울을 만석이에게 도로 내밀며 채영이가 말했습니다.

"이 거울은 내게 돌아올 물건이 아닌 것 같아요.

이렇게 만난 선물로 드릴테니 받아주세요."

"아닙니다.

드러나는 현상 속에는 숨은 조화가 있다.
그것을 찾는 것은 그대의 사명이다.

사연이 깃든 물건인데 그래서는 안 됩니다."

거울을 탁자에 놓으며 그녀가 말을 이었습니다.

"거울을 두고 거울을 닦으며 마음도 닦으세요."

감격해 하며 만석이 말했습니다.

"고맙습니다.

그래도 전 드릴 게 없는데…."

"전 이미 다 받았어요.

만석씨의 그 고운 마음을"

11
사랑의 배신

밤새 이야기를 나눈 그들은 새벽녘에야 헤어졌습니다. 헤어지면서 채영이가 손을 내밀며 말했습니다.

"다시 오면 거울처럼 반겨줄 건지요?"

내민 손을 잡으며 만석이 답했습니다.

"아니오. 사람처럼 반길 것입니다."

보이지도 않는 바람이
보이는 비를 몰고 다닌다.

"그럼 안 돼요. 다칠지 모르니까요."

"노력해 보지요."

푸른 새벽빛을 받으며 그녀는 멀어져갔습니다. 만석은 사라지는 그녀의 뒷모습을 보이지 않을 때까지 지켜보고 있었습니다.

언젠가부터 보이지도 않는 바람이 보이는 비를 이리저리 몰고 다니며 대지를 적시고 있었습니다.

그 비바람을 창가에 앉아 바라보고 있는 만석의 눈에 큰 가방을 든 여인이 보이기 시작했습니다.

그 여인이 가까이 오자 만석은 그녀가 바로 채영이라는 것을 알 수 있었어요.

순간 만석은 솟구치듯 일어나 그녀에게로 달려 나가 그녀를 맞이했습니다.

"아니. 이 우중에 웬일이오?"

가방이 만석의 손에 쥐어지자 그녀도 만석에게로 쓰러지고 말았습니다. 그녀를 받아 안은 만석은 그녀를 들고 집 안으로 들어갔습니다.

들리지 않는 노래를 부르고 보이지 않는 춤을 추어라
보이고 들리는 것 속에는 별것 없다.

아무런 동작도 못하고 있는 그녀의 젖은 옷을 벗긴 만석은 이어 그녀의 머리를 타고 흘러내리는 빗물도 닦아주었습니다.

떨고 있는 그녀를 방으로 옮긴 만석은 속옷까지 젖은 그녀의 옷마저 갈아입게 하고 밖으로 나왔습니다. 어찌할 바를 모르고 허둥대던 만석은 부엌으로 가 그녀가 먹을 것을 준비하기 시작했습니다.

잠도 자고 음식도 먹은 채영은 다소 기운이 회복되는지 만석의 물음에 다음과 같은 답을 했습니다.

"갑자기 살던 집을 빼앗기고 쫓겨났어요.

보증을 잘못 서는 바람에……."

그녀는 다시 통곡에 가까운 소리를 내며 울기 시작하자.

만석은 그녀가 애처로운 듯 달랬습니다.

"울지 마세요.

이미 그렇게 된 일을.

마땅히 갈 곳이 없으면 여기 있으세요.

저도 외로우니까요."

만석의 소리를 들었는지 못들었는지 그녀는 계속 서럽게

울기만 했습니다.

"남에게 보증을 서주고 빼앗기는 재산같이 억울한 게 없다던데, 그래도 참으세요. 다시 시작하면 되잖아요."

"하루아침에 거지가 되고 말았는데 어떻게 다시 시작해요?"

"여길 내 집같이 생각하고 있으면 되잖아요."

만석의 말끝에 묘한 빛을 띄우던 그녀가 만석의 눈치를 살피다가 말했습니다.

"여긴 혼자 사세요.

올 사람도 없어요?"

"네. 아무도 없어요."

잠시 마주보던 그들은 이제 떨어질 수 없는 듯 서로를 껴안고 있었습니다.

한 동안 그렇게 같이 지내던 채영이가 만석에게 어디 좀 같이 가 보자는 제안을 했습니다.

"어딜 가는데?"

"가 보면 알아요."

같이 길을 나선 채영은 만석을 어느 큰 대문집 앞까지 데리고 갔습니다.

"이 집이 전에 내가 살던 집이에요."

집을 살펴보다가 안타까운 듯 만석이가 말했습니다.

"이 집을 보증을 잘못서서 빼앗겼단 말이오?"

"네."

"정말 억울하겠네요."

"네. 속에 병이 생기는 것 같아요."

"재산 잃고 병들고 그러는 게 순서 같습니다. 마음을 추슬러서 병까지 들진 말아야지요."

울음 같은 한숨을 쉬며 그녀가 말했습니다.

"잊으려고 해도 그게 안 돼요.

무슨 악몽 같아요."

"그래도 잊어야지요. 그만 갑시다.

남의 집 쳐다보고 있으면 뭐 하겠어요?"

만석은 못내 아쉬운 듯 자꾸만 뒤돌아보는 그녀를 데리고 집으로 돌아왔습니다.

만석의 집으로 돌아온 채영은 정말로 병이 난 듯 드러누웠습니다.

만석은 그런 채영을 지극정성으로 보살펴 나가는데 그녀가 죽어가는 소리로 말했습니다.

"미안해요.

귀찮게 해서…."

"그런 말 마세요.

당신을 보살피는 게 내 행복이오."

"그럼 계속 아파야겠군요."

"그런 건 아니지만……."

그런 만석의 마음을 헤아리던 채영이가 할 말이 있는 듯 만석을 바라보았습니다.

"왜, 무슨 할 말이라도?"

"네. 이런 의논해도 되는지 모르겠어요."

"뭐든 말해 보시오.

남이라 생각 말고."

"그 집 말이에요.

순간 순간 죽어가는 생명을 안고
죽을 준비를 하지 않고 살 준비만 하니……

그 집에 대해 법적으로 알아보니 되찾을 수도 있대요."

"아니 어떻게?"

"내 쪽이 너무 억울하게 당한 것이라 반환소송을 하면 된대요."

"그 참 다행이네요.

경사났네요."

좋아하던 만석이가 어두운 채영의 얼굴을 보다가 말을 이었습니다.

"서광이 비치는데 왜 좋아하지 않는 거요?"

"빛이 보이기는 한데 문제가 있어요."

"무슨?"

"재판이 그냥 되는 게 아니잖아요."

"돈이 필요한 거요?

얼마나……"

"전 말할 수 없어요.

당신의 형편 모르는 바 아니니……."

말과 더불어 슬프게 울어대는 그녀를 바라보던 만석이 문득 생각난 듯 그녀를 붙들고 말했습니다.

"이러면 어떨까요?

이 집을 팔면……

그러면 일이 되는 거 아닌가요?"

"그러긴 하지만 그건 안 돼요!

그럴 순 없어요!

아무튼 당신의 집까지 팔 순 없어요.

차라리 그 집을 포기하고 말지."

"그건 바보 같은 짓 아니오.

작은 것을 팔아 큰 것을 되찾을 수 있으면 그게 잘하는 일 아니오."

"절 어떻게 보고?"

"이미 한 배를 탄 거 아닌가요?"

긴 시간 시비가 오고 간 끝에 결국 만석의 집을 팔기로 그들은 합의를 하게 되었습니다.

전망이 좋은 새 집이라 그런지 집은 바로 매매가 되고 잔금도 이쪽 사정을 봐서 빨리 처리되었습니다.

잔금까지 다 받아 돈이 마련되자 이제 남은 일은 큰 집을

되찾는 것이었습니다.

내일 아침에 같이 변호사님을 만나기로 하고 잠이 든 만석이 새벽에 일어나자 채영이가 보이지 않았습니다.

여기저기를 찾고 불러보아도 그녀가 보이지 않자, 혹시나 하고 돈을 챙겨보니 돈도 사라지고 없었습니다.

사람과 돈을 같이 잃고만 만석은 벼락이라도 맞은 듯 눈앞이 캄캄해졌습니다.

한동안 정신을 잃고 있던 만석이 갑자기 후다닥 일어났습니다.

그는 단숨에 그녀와 같이 가 보았던 그녀의 집이라는 곳으로 달려갔습니다.

집주인을 찾아 이것저것 물어보니 그 집은 근래에 매매되거나 경매된 집이 아니었습니다.

결국 그 집은 그녀가 사기를 치기 위해 이용한 남의 집이었습니다.

완전히 속았다는 생각이 들자 만석은 다시 하늘이 무너져 내리는 것 같아 앞이 보이지 않았습니다.

세상은 무너져 가는 무대이고
그대는 사라져 가는 가련한 배우에 지나지 않는 것을…

만감이 교차하는 만석의 뇌리에 처음부터 철저한 계획으로 접근한 그녀의 모습이 떠올랐습니다.

집을 짓는 동안 가끔씩 얼굴을 내비쳤던 일, 집이 완성되자 찾아왔던 일, 말을 만들기 위해 거울을 놓고 간 일, 됐다 싶은 순간 짐을 싸들고 온 일, 집값을 챙겨 사라진 일, 모든 것이 각본에 의해 움직인 가면극에 지나지 않았는데 그 손에다 돈을 쥐어줬으니…….

만석은 한 장 한 장 각본을 넘기면서 연출에 몰두한 그녀의 행동을 생각하니 치가 떨렸습니다.

그리고 이 무슨 행운인가 하고 밤잠을 설치던 생각, 행복이 영원하기를 바라던 자신의 착각을 돌이키니 그는 자신이 한없이 어리석고 못나 보였습니다.

집을 비워주는 날 만석은 새 주인이 오기 전에 그 집을 떠나고 말았습니다.

12
윤회의 의미

한편 가지 없이 통나무가 되어버린 나무는 자신의 모양과는 아무 상관없이 계속 사람을 그리워하며 기다렸습니다.

선 채로 죽어버릴 것 같아 목이 터지라고 그를 부르고 싶었지만 이미 그럴 힘도 없었습니다.

지금의 나무에게는 하늘의 기운을 빨아들일 잎이나 가지도

하나 없었기에 땅의 기운을 받아들일 뿌리도 이미 제 할 일을 잊고 있었던 것입니다.

그런데도 나무는 오직 한 가지 기도만을 하고 있었습니다.

'사랑하는 이여 오라.

그리운 사람이여 오라.

나는 네가 없이는 존재이유를 찾을 수 없다.

어서 와서 나로 하여금 나이게 하여 다오.'

나무의 그리움과 기다림 속에 세월은 흘렀고 사람도 이제는 늙은이가 다 되었습니다.

茶잎을 가져가서는 영악한 여인에게 당하고, 茶나무를 가져가서는 교활한 여인한테 당한 그는 한동안 폐인이 되다시피 했습니다.

그러나 생명의 원리가 그를 재생의 길로 인도하여 그로 하여금 다시 나무를 찾게 했던 것입니다.

나무는 변함없이 그를 반갑게 맞이했습니다.

"어서 와.

너도 많이 늙었구나.

형편이 좋아 보이지 않는데 내가 뭐 도울 일이 없을까?"

늙은이에겐 수치심도 양심도 없는지 또 다시 자기의 욕심을 늘어놓았습니다.

"나는 이제 이 나라 사람들이 싫어.

그들을 볼 때마다 구토가 올라와. 그래서 먼 나라로 가고 싶어.

그러기 위해서는 여행을 도와 줄 배가 필요해.

하지만 넌 아무것도 해 줄 것이 없잖아."

나무는 기쁜 듯이 말했습니다.

"그건 문제없겠다."

"어떻게?"

나무는 이미 각오가 된 듯 주저없이 말했습니다.

"내 몸통을 잘라다 배를 만들어. 그래서 네가 소원을 이룰 수 있다면 나는 무척 행복하겠다."

"네가 없어지는데도?"

"몸은 사라진다 해도 영혼이 남아 있잖아.

형상은 아무것도 아니야.

지금의 형상이 사라져도 영혼은 남아
또 다른 옷을 입는다。

그 형상을 형상이게 하는 근원만 살아있으면 돼."

"그런가?"

나무의 마음을 들은 사람은 그것이 당연한 일인 듯 다시 나무의 뜻을 받아들였습니다.

옆에서 그들의 말과 행동을 지켜본 거미와 새는 기가 막혔지만 서로가 합의가 되어 주고받는 일이니 삼자들로서는 어쩔 도리가 없었습니다.

그러나 그들의 생각은 가만있지 않았지요.

"아니. 저 지경이 되면 사람을 증오하고 사랑이란 것을 저주하게 되련마는 이해가 되지 않는군. 아직도 덜 당한 건가?"

거미의 말에 새가 답했습니다.

"그렇기도 하겠지만 문제는 알다가도 모를 사랑의 힘이야."

혼잣말처럼 거미가 중얼거렸습니다.

"이기적인 존재가 되어야 생명을 보존할 수 있는 것을, 이기적인 사고방식이야말로 살아남는 유일한 방식인 것을, 나무가 이기적이지 못하면 숲을 이룰 수 없고 꽃이 양보만 하면 꽃밭이 이루어질 수 없는 것을……."

거미의 소리를 들었는지 새가 다음과 같은 말을 했습니다.

"그래. 그게 절대 진리야.

이기적인 사고방식이야말로 그 어떤 진리보다 신성한 것이고 성스러운 것이야.

지금 살아남아 있는 생명들은 다 그렇게 살아온 것들이야. 그렇지 못한 것들은 다 자연 도태되고 말았지.

나무는 생명의 원리를 모르고 있는 것 같애."

늙은이는 다시 나무의 몸통을 잘라 배를 만들어 타고 멀리 떠났습니다.

그루터기가 된 나무는 그래도 그 늙은이가 돌아오기를 기다리고 또 기다리기 시작했습니다.

그러나 늙은이는 다시 돌아오지 못할 길로 떠났습니다.

그는 늙었고 설사 뜻을 이루었다 해도 돌아오지 않을 위인이었습니다. 왜냐하면 이제 나무에게는 받을 것이 아무것도 없었기 때문이었지요.

나무도 그것을 모르는 바는 아니었지만 사랑하는 이의 할 일이 기다림뿐이라 도리가 없었습니다.

나무가 이기적이지 못하면 숲을 이룰 수 없고
꽃이 이기적이지 못하면 꽃밭을 이룰 수 없다.

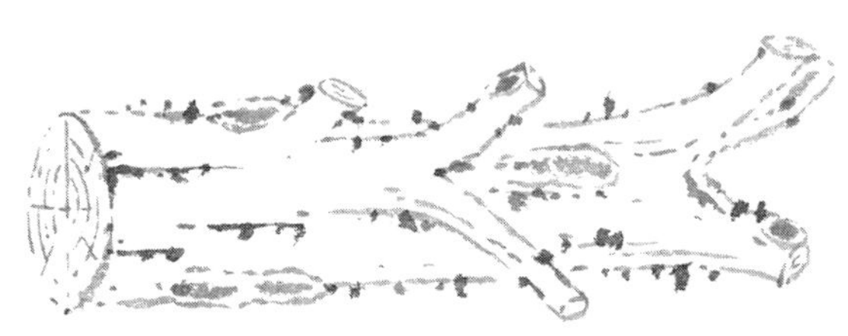

인간의 마음은 언제나 바라기만 하는 영원한 거지임을 알고 있었기에 나무는 슬프지 않았습니다.

단지 더 줄 수 없는 자기 자신이 죄송스러울 뿐이었습니다.

'배를 타고 가다가 풍랑을 만나지는 않았을까?

낯선 타향에서 길을 잃지는 않았을까?

지금쯤은 혹시 돌아오고 있지는 않을까?

내 비록 그를 위해, 차지했던 우주적 공간을 다시 비워냈어도 그를 만난 것에 후회는 없다.

아무 의미도 없이 어떤 가치도 모르고 그저 살아갈 뻔 하다가 그에 의해 존재의 이유를 알았으니…….'

기다림의 세월이 한스럽게 지나가고 나자 나무의 밑둥에서는 새싹이 파랗게 돋아났습니다.

새싹은 이제 하늘에 닿으려는 의지를 품은 듯, 온 세상을 푸르게 덮을 뜻을 품은 듯 무럭무럭 자라나기 시작했습니다.

옆에서 거듭나는 나무의 새로운 삶을 지켜보는 거미와 새는 자신들이 다시 살아나는 것만큼이나 기뻐하고 좋아했습니다.

그리고 그들은 다시 살아나는 나무의 모습에서 그대로 사라지고 마는 무상과 다시 돌아오는 윤회의 의미를 다시 한 번 되새기고 있었습니다.

사랑에 의해 자신을 죽이고 삶의 의지로 다시 살아난 나무는 그 죽음과 같은 생의 시련 속에서 오미五味와 오색五色과 오기五氣를 스스로 더 잘 갖추게 되었습니다.

그러나 다시 돋아난 나무가 옛날의 그 나무처럼 계속 사람을 사랑하며 그리워하고 기다리는지는 아직 아무도 모릅니다.

세상에는 그대로 사라지고 마는 무상과 다시 돌아오는 윤회가 있다.
그 무상과 윤회에서 깨달음을 얻으라.

사랑이 꽃 피는 茶 나무

초판 발행 | 2007년 7월 25일
재판 발행 | 2011년 1월 1일

지 은 이 | 慧姸스님
펴 낸 이 | 서 정 환
펴 낸 곳 | 신아출판사

출판등록 | 1984년 8월 17일 제28호
주 소 | 전주시 완산구 태평동 251-30
전 화 | (063)275-4000
팩 스 | (063)274-3131
홈페이지 | http://www.shinapress.com
E - mail | sina321@hanmail.net
shina321@chol.com

ISBN 978-89-5925-236-7 03810

값 10,000원